L&PMPOCKET**ENCYCLOPAEDIA**

Geração Beat

Série **L&PM**POCKET**ENCYCLOPAEDIA**

Budismo – Claude B. Levenson
Cleópatra – Christian-Georges Schwentzel
A crise de 1929 – Bernard Gazier
Cruzadas – Cécile Morrisson
Sigmund Freud – Edson Sousa e Paulo Endo
Geração Beat – Claudio Willer
Império Romano – Patrick Le Roux
Revolução Francesa – Frédéric Bluche, Stéphane Rials e Jean Tulard
Santos Dumont – Alcy Cheuiche

Próximos lançamentos:

Cabala – Roland Goetschel
Capitalismo – Claude Jessua
Egito Antigo – Sophie Desplancques
Escrita chinesa – Viviane Alleton
Existencialismo – Jacques Colette
História do vinho – Jean-François Gautier
História de Paris – Yvan Combeau
Islã – Paul Balta
Marxismo – Henri Lefebvre
Mitologia grega – Pierre Grimal
Tragédias gregas – Pascal Thiercy

Claudio Willer

Geração Beat

www.lpm.com.br

Coleção **L&PM** Pocket, vol. 756

Primeira edição na Coleção **L&PM** POCKET: abril de 2009

Capa: Ivan Pinheiro Machado. *Foto*: (da esquerda para a direita) Jack Kerouac, Allen Ginsberg e Peter Orlovsky na Cidade do México, 1956.
© Rue des Archives/RDA
Preparação: Bianca Pasqualini
Revisão: Patrícia Rocha

CIP-Brasil. Catalogação-na-Fonte
Sindicato Nacional dos Editores de Livros, RJ.

W684g

Willer, Claudio, 1940-
  Geração Beat / Claudio Willer. – Porto Alegre, RS: L&PM, 2009.
  128p. – (Coleção L&PM Pocket; v. 756)

  Inclui bibliografia
  ISBN 978-85-254-1827-2

  1. Geração Beat. 2. Contracultura. I. Título. II. Série.

| 08-5122. | CDD: 306.1 |
| | CDU: 316.754 |

© Claudio Willer, 2009

Todos os direitos desta edição reservados a L&PM Editores
Rua Comendador Coruja 314, loja 9 – Floresta – 90220-180
Porto Alegre – RS – Brasil / Fone: 51.3225.5777 – Fax: 51.3221-5380

Pedidos & Depto. comercial: vendas@lpm.com.br
Fale conosco: info@lpm.com.br
www.lpm.com.br

Impresso no Brasil
Outono de 2009

Sumário

1. Beat, geração beat | 7
2. A beat subterrânea | 32
3. Visões e prisões | 49
4. Viagens e outras aventuras | 69
5. San Francisco | 87
6. Da beat à contracultura | 100
7. Beat Brasil | 113

O autor | 121

1
BEAT, GERAÇÃO BEAT

De onde vieram os vocábulos "beat" e "geração beat"? Qual foi a sua origem?

Dentre todas as versões, a definitiva é mesmo aquela confirmada, entre outras fontes importantes, por Allen Ginsberg em um de seus últimos textos, o prefácio de *The Beat Book*, de 1996[1]:

> A expressão "*beat generation*" surgiu em uma conversa específica entre Jack Kerouac e John Clellon Holmes em 1948. Discutiam a natureza das gerações, lembrando o glamour da *lost generation* (*geração perdida*), e Kerouac disse: "Ah, isso não passa de uma geração beat". Falavam sobre ser ou não uma "geração encontrada" (como Kerouac às vezes a denominava), uma "geração angélica", ou qualquer outro epíteto. Mas Kerouac descartou a questão e disse "geração beat" – não para nomear a geração, mas para desnomeá-la.[2]

A conversa foi, acrescente-se, no apartamento onde Ginsberg morava, no Harlem. A expressão aparece em *Go*, de John Clellon Holmes[3], narrativa escrita naquele período e publicada em 1952, que está na raiz do mito beat.

---

1. WALDMAN, Anne (org.) *The Beat Book, Poems and Fiction of the Beat Generation*. Boston: Shambala, 1996.
2. Nas citações, a tradução é minha onde o tradutor não estiver indicado.
3. HOLMES, John Clellon. *Go*. Thunders Mouth Press, 1997.

Também em 1952, Holmes publicaria um artigo na *New York Times Magazine*, intitulado "This is the Beat Generation" (Esta é a geração beat). Logo a seguir, a expressão reapareceria na publicação anônima de um fragmento de *On the Road* (*Pé na estrada*) por Kerouac, intitulado *Jazz of the Beat Generation* (*O jazz da geração beat*).

Enfim, já se falava na existência de uma "geração beat" antes que esta realmente viesse a público, a partir da histórica leitura de poesia na Six Gallery de San Francisco em 1955, com a apresentação de "Howl" (Uivo), de Ginsberg, e a subseqüente publicação de *Howl and other Poems* (*Uivo e outros poemas*) pela City Lights Books em 1956 e de *On the Road*, de Kerouac, em 1957 pela Viking.

Há mais sobre a origem e os sentidos de "beat". Na época, o termo vinha sendo utilizado por Herbert Huncke, delinqüente freqüentador daquele grupo, amigo de Ginsberg e Burroughs, que costumava exclamar "*Man, I am beat*", algo como "Cara, estou ferrado". *Hip talk*, vocabulário da marginália da Times Square, Nova York.

A propósito, hipster seria o marginal absoluto. A circulação do termo foi ampliada pela literatura beat e por *The White Negro* (*O negro branco*) de Norman Mailer, ensaio publicado em 1957 com o subtítulo *Superficial Reflections on the Hipster* (*Reflexões superficiais sobre o hipster*), no qual tomava o partido desses *outsiders*, contrastando-os com o *square*, o burguês, e que sairia em seu livro *Advertisements for Myself* (*Anúncios de mim mesmo*), de 1959. De hipster vem hippie, seu diminutivo, que passou a designar alternativos na segunda metade da década de 1960.

Ginsberg, no texto citado, associa o uso do termo "beat" por Huncke a um trecho de seu poema *Uivo*, falando dos *que caminharam a noite toda com os sapatos cheios de sangue pelo cais coberto por montões de neve, esperando que uma porta se abrisse no East River dando para um quarto cheio de vapor e ópio*.[4] De fato, no inverno de 1948, Huncke, após sair da cadeia, passou quatro dias vagando por Nova York antes de aparecer no apartamento de Ginsberg no Harlem, seus pés escorrendo sangue.

Polissêmica e ambivalente, "beat" também é a batida rítmica do jazz. E pode ser associada à beatitude, palavra-chave do repertório de Kerouac, que, em entrevista de 1959, deu esta interpretação ao termo para contrapor-se a seu sentido mais derrotista. Essa acepção já está em *Uivo*, de Ginsberg, no verso sobre *o vagabundo louco e beat angelical no Tempo, desconhecido mas mesmo assim deixando aqui o que houver para ser dito no tempo após a morte*. E em *Nota de rodapé para Uivo*, ao nomear os beats e associá-los à santidade: *O vagabundo é tão santo quanto o serafim! o louco é tão santo quanto você e minha alma é santa!* [...] *Santo Peter santo Allen santo Solomon santo Lucien santo Kerouac santo Huncke santo Burroughs santo Cassady santos os mendigos desconhecidos sofredores e fodidos santos os horrendos anjos humanos!*

Beatnik, no mesmo sentido, é um termo irônico, depreciativo, criado pela mídia no final da década de 1950 (apareceu pela primeira vez no *San Francisco Chronicle* de 2 de abril de 1958). Fusão com Sputnik, o primeiro satélite artificial, referia-se ao fenômeno coletivo, o grande número de jovens que vinham adotando a vestimenta e atitude dos beats. Mas servia para indicar que algo estava acontecendo: designava não mais um grupo de autores, mas um acontecimento social, além de geracional.

Ginsberg, no texto citado, também trata da beat como movimento literário:

---

4. GINSBERG, Allen. *Uivo e outros poemas*. Tradução, seleção e notas de Claudio Willer. Porto Alegre: L&PM Pocket, 2005, assim como as citações seguintes.

Um quarto sentido [de "beat"] que se acumulou ao redor do mundo é encontrado na frase "movimento literário da geração beat". Esta frase se refere a um grupo de amigos que trabalharam juntos em poesia, prosa e consciência cultural desde meados da década de 1940 até que o termo se tornasse nacionalmente popular no final dos anos 1950.

Portanto, há uma delimitação cronológica – de 1944 até 1958 ou 1959 – da beat, se encarada estritamente como movimento literário.

E quem foram os integrantes desse movimento? Ginsberg também deu sua resposta:

> O grupo consistiu em Kerouac, Neal Cassady (o herói-protótipo de Kerouac em *On the Road*), William Burroughs, Herbert Huncke, John Clellon Holmes (autor de *Go*, *The Horn* e outros livros) e eu. Conhecemos Carl Solomon e Philip Lamantia em 1948, encontramos Gregory Corso em 1950 e vimos Lawrence Ferlinghetti e Peter Orlovsky em 1954.

Houve mais beats:

> Em meados da década de 1950, esse círculo mais reduzido – através de afinidades naturais de modos de pensar, estilo literário ou perspectivas planetárias – foi ampliado em amizades e realização literária por um número de escritores de San Francisco, incluindo Michael McClure, Gary Snyder, Philip Whalen e, por volta de 1958, por outros poetas poderosos, embora menos conhecidos, tais como Bob Kaufman, Jack Micheline e Ray Bremser, e o poeta negro LeRoi Jones[5], mais conhecido. Todos

---
5. Que, a partir da década de 1960, militante do movimento negro, passaria a assinar como Amiri Baraka.

nós aceitamos o termo "beat", em um momento ou outro, com humor ou a sério, mas sempre com simpatia, e fomos incluídos em uma pesquisa de maneiras, moralidade e literatura beat pela revista *Life*, em uma matéria de capa, de 1959, por Paul O'Neil, e pelo jornalista Alfred Aronowitz em uma série em doze partes intitulada "The Beat Generation" no *New York Post*.

Mas, também conforme Ginsberg, a beat não se restringiu a esses nomes. Houve, na década de 1950, relacionamento com outros poetas: Frank O'Hara e Kenneth Koch, da vanguarda de Nova York, bem como Robert Creeley e outros integrantes do Black Mountain College (instituição dedicada à formação artística, na Carolina do Norte, liderada pelo poeta Charles Olson, que durou de 1933 a 1957).

Houve conexões com outras modalidades artísticas, acrescentou Ginsberg. Expressou-se através do cinema e da fotografia com Robert Frank e Alfred Leslie. Na música, com David Amram; na pintura, com Larry Rivers; na publicação, com Cid Corman, Jonathan Williams, Don Allen e Barney Rosset, além do poeta-editor Lawrence Ferlinghetti.

A lista de Ginsberg poderia receber acréscimos não-cronológicos, de autores que chegaram depois de 1958. Por exemplo, da poeta Anne Waldman, organizadora do aqui citado *The Beat Book* e dirigente do Naropa Institute, criado por Ginsberg em 1974 (em Boulder, Colorado – atualmente Naropa University), e da Jack Kerouac School for Disembodied Poetics (Escola Jack Kerouac para Poéticas Desencarnadas).[6]

---

6. *Disembodied* se traduz como desencarnado: mas no modo como utilizado relativamente a essa escola de poéticas assume o sentido mais de algo espiritual, transcendental, que de coisa morta.

Estão em *The Beat Book*, mas não são mencionados no prefácio de Ginsberg, Lenore Kandel e John Wieners. Caberia citar Ted Joans, poeta negro e um irônico beat-surreal (na década de 1960, fez parte do grupo dos surrealistas franceses). Ed Sanders, que fundou um magazine underground com o sugestivo nome de *Fuck You* (*Foda-se*) e criou a banda de rock The Fugs, não poderia ter sido incluído? Timothy Leary, profeta do LSD, pode ser associado à beat. Há também os que foram personagens sem deixar obras, mas que desempenharam papéis importantes: Lucien Carr, presença obrigatória nos relatos sobre a formação do grupo, Hal Chase, Bill Cannastra. E as mulheres que participaram dessa formação, como Joan Vollmer, Eddie Parker e Carolyn Cassady.

A excelente coletânea *Womem of the Beat Generation*[7] (*Mulheres da Geração Beat*), traz mais nomes: Mary Fabili, Elise Cowen, Joyce Johnson, Hettie Jones, Joanna McClure, Janine Pommy Veja, entre outras autoras.

É considerável o número de autores norte-americanos que constam, com maior ou menor propriedade, em publicações como *Beat Scene* e antologias. As fronteiras entre a beat literária e outros movimentos contemporâneos, a exemplo do grupo que se formou no Black Mountain College e daquele de Nova York denominado *a última vanguarda*[8], de Frank O'Hara, John Ashbery, Kenneth Koch e James Schuyler, são fluidas. A afinidade de Jerome Rothemberg e sua etnopoesia[9] com as idéias e a expressão beat é evidente. Isso, além da costumeira associação da

---

7. KNIGHT, Brenda, organizadora, Women of the Beat Generation. Conari Press, Berkeley, 1996.

8. LEHMAN, David. *The Last Avant-Garde: The Making of the New York School of Poets.* Anchor Books, 1999.

9. ROTHEMBERG, Jerome. *Etnopoesia no Milênio.* Azougue Editorial, 2006.

poesia e da prosa debochada de Charles Bukowski à beat. Outros exemplos não faltam.

Principalmente, haveria mais a ser dito sobre música. A beat se formou com o jazz bop e se expressou através do rock – e de música pop, balada country, blues, rap e criações de vanguarda, experimentais. Percorreu um trajeto de Lester Young, Dizzie Gillespie, Charlie Parker, Thelonius Monk e Lennie Tristano, passando por Bob Dylan (com quem Ginsberg se apresentou e fez parcerias)[10], Ray Charles (que homenageou Kerouac em "Hit the Road, Jack"), Janis Joplin ("Mercedes Benz", letra de Michael McClure), Jim Morrison e Ray Manzarek (que fez récitas junto com McClure), e The Grateful Dead (que homenageou Neal Cassady), até The Clash (que recebeu Ginsberg em shows), Laurie Anderson (com quem Burroughs contracenou), Philip Glass (que compôs uma ópera sobre temas de Ginsberg) e The Band (que se apresentou com Ferlinghetti em um concerto filmado por Scorsese). Poesia e música sempre caminharam juntas. Mas em nenhum movimento literário da modernidade, ou desde o romantismo, a ligação foi tão íntima. A beat foi sonora. Tem discografia[11], e não só bibliografia.

E tem iconografia. Associações de poetas e fotógrafos, isso vem desde as imagens de Baudelaire por Nadar e Carjat. Mas os beats não só eram fotografados, mas fotografavam-se, a ponto de Ginsberg publicar livros das fotos que bateu.[12]

Além disso, Ginsberg se refere apenas a autores norte-americanos. E os beats de outras literaturas e

---
10. Há algo em *No Direction Home*, o documentário de Scorcese; mas a quantidade de colaborações Ginsberg-Dylan é grande.
11. Incluindo registros de apresentações de Ginsberg e de McClure.
12. *Photographs*. Twelvetrees Press, 1991; *Snapshots Poetics*. Chronicle Books, 1993.

nacionalidades? Na América Latina, não seria correto associar à beat, desde já, autores como o seu interlocutor e divulgador argentino Miguel Grinberg, também poeta, que publicou a revista *Eco Contemporáneo* e, mais tarde, a coletânea *Beat Days*?[13] E o mexicano Sergio Mondragón, à frente de El Corno Emplumado com a poeta norte-americana Margareth Randall, mais o *Manifiesto Tzántico* equatoriano, com Ulises Estrella[14], os integrantes de El Techo de la Ballena venezuelano, ou o colombiano Gonzalo Arango e outros do movimento nadaísta? No Brasil, não poderia um poeta como Roberto Piva ser tomado como sua alta expressão? Em Portugal, um Al Berto? Há, ainda, os interlocutores importantes da beat, a exemplo de Fernanda Pivano, tradutora e divulgadora de Ginsberg na Itália. E tantos outros nomes.

Em uma coletânea francesa, *Entretiens – Beat Generation*, em acréscimo a vários dos beats norte-americanos, são incluídos Claude Pélieu e André Laude.[15] Os próprios organizadores franceses de *La Poésie de la Beat Generation*, de 1965, Jean Jacques Lebel e Alain Jouffroy[16], poderiam, talvez, ser considerados autores-ponte, de transição entre o surrealismo, do qual participaram, a beat, e a contracultura e as grandes rebeliões da segunda metade da década de 1960.

---

13. GRINBERG, Miguel (org.). *Beat Days – Visiones para jóvenes incorrigibles.* Buenos Aires: Galerna, 2003.

14. Poeta, organizou a coletânea de ensaios *Los años de la fiebre – Testimonios culturales de los 60s*. Quito: Libresa, 2005; uma referência bibliográfica de interesse.

15. LE PELLEC, Yves (org). *Entretiens – Beat Generation.* Rodez: Editions Suberbie, 1975.

16. LEBEL, Jean Jacques (org); JOUFFROY, Alain (org). *La Poésie de la Beat Generation.* Denoël, 1965.

Ou não. Talvez autores como esses devam ser arrolados entre suas conseqüências: a pós-beat, integrando o levantamento de todos os que, em diversos lugares do mundo, tiveram a vocação ou a identidade despertada por esse movimento.

Essa discussão, da extensão da beat e do que seria uma beat mundial, para além das fronteiras norte-americanas, pode ir longe. Talvez seja insolúvel. Entre outras razões, pelo modo como irão confundir-se, a partir de um dado momento, talvez de 1963, a já mundialmente famosa geração beat, os seus adeptos beatniks e a emergente contracultura. E pela sincronia e pela sobreposição com outros movimentos e manifestações da década de 1950. Novas visões da política e da cultura, buscando a conciliação entre justiça social e liberdade individual, entre arte e vida, são uma contribuição desse pós-guerra ou entre-guerras, da Segunda Guerra Mundial até a intervenção norte-americana no Vietnã. A era pós-Hiroshima, da ameaça atômica, da possibilidade de o mundo acabar. São do período os *angry young men* britânicos; a agitação juvenil francesa associada ao existencialismo; e inúmeros outros movimentos e manifestações. Obras como *Eros e civilização*, de Marcuse, e *Life Against Death*, de Norman Brown, fundamentos dessa rebelião, foram publicadas, respectivamente, em 1955 e 1959.

A propósito da geração beat e dos movimentos latino-americanos e europeus, pode-se falar em segunda vanguarda, termo utilizado com referência ao surrealismo de Portugal, tomando como primeira vanguarda a geração de Orfeu, de Fernando Pessoa e Sá-Carneiro.[17] Semelhante perspectiva – enxergando dois ciclos

---

17. Achei o termo no ensaio de Maria Lúcia Dal Farra sobre Herberto Helder, *A alquimia da linguagem*. Lisboa: Moraes Editora, 1978. O sentido foi-me esclarecido pela autora.

vanguardistas, um deles entre 1907 e 1924, outro entre 1945 e alguma data na década de 1960 – corrige um vezo um tanto disseminado. Consiste, ao rotular movimentos – surrealismos mais recentes, geração beat – como vanguarda, em descartá-los como anacronismo, continuação ou retomada de algo datado. Têm o mesmo sentido rótulos como vanguarda tardia, tardo-surrealismo etc. Os que buscam ou representam o novo acabam desqualificados como ultrapassados.

Aceita essa periodização, a beat não foi um vanguardismo tardio, mas um movimento típico de segunda vanguarda. Representou o novo e foi inovadora naquele contexto, do mesmo modo como futurismo e dadaísmo representaram o novo, de diferentes modos, em outro momento. Se recuperou o ímpeto inovador do primeiro ciclo vanguardista, adicionou-lhe – assim como outros movimentos da época – novas tomadas de posição, não só estéticas, mas políticas. Representou a busca de alternativas que ultrapassassem a polaridade típica da Guerra Fria, entre stalinismo e macarthismo, ortodoxia soviética e reacionarismo burguês. Exemplar, sob esse aspecto, é Ginsberg ao mesmo tempo ser expulso de países da esfera do "socialismo real", como Cuba e Tchecoslováquia, e vigiado de perto pelo FBI. Também vale como exemplo, entre outros, a resistência anti-salazarista do surrealismo português e seu simultâneo confronto com o neo-realismo da esquerda tradicional.[18]

Entender a beat não é apenas mapeá-la, apresentando um elenco de obras e autores. Pode ser mais produtivo examinar o que a caracteriza. Foi um movimento literário:

---

18. Mais sobre segunda vanguarda no que escrevi na revista digital *Agulha*, em http://www.revista.agulha.nom.br/ag50willer.htm

quanto a isso, Ginsberg foi claro. Mas referiu-se, na mesma frase, a *um grupo de amigos*. E disse que esses amigos *trabalharam juntos*. Amizade: aí está algo diferenciador ou definidor da beat.

Desafetos dificilmente integram o mesmo movimento. Adesão a um programa literário ou artístico nunca é impessoal. Mas na beat a amizade foi transcendental, no sentido romântico do termo. Ginsberg, em especial, a sacralizou. Ao mesmo tempo, a sexualizou. E a confundiu com cumplicidade, não só no sentido mais metafórico, como solidariedade, mas em um sentido até jurídico. Por exemplo, ao deixar-se prender junto com Herbert Huncke e seus comparsas. E no envolvimento indireto de Kerouac e Burroughs com o assassinato cometido por Lucien Carr. Em tantos episódios relacionados à acidentada biografia de Burroughs ou às peripécias protagonizadas por Neal Cassady. Na extensa crônica relacionada ao uso de drogas e substâncias proibidas.

Tudo isso alimentou a criação literária. E não só em prosa, no ciclo de narrativas de Kerouac, relatos estilizados de aventuras com seus amigos, ou em *Go*, de Clellon Holmes. Também na poesia de Ginsberg, por vezes de modo dramático: é rememoração da perda em poemas como "Fragmento 1956" e "Relato de um sonho: 8 de junho, 1955", de *Reality Sandwiches* (*Sanduíches de realidade*).[19]

Das amizades resultou a criação coletiva, nisso apresentando semelhança com o surrealismo. Criavam juntos, como nos *cut-up*, os textos-colagem de Burroughs em parceria com Bryon Gisin e Gregory Corso, que resultaram

---

19. Ambos traduzidos na edição já citada de *Uivo e outros poemas* (ver nota 4).

em *Minutes to Go*. Ou em *And the Hippos Were Boiled in their Tanks* (*E os hipopótamos ferveram em seus tanques*), narrativa policial de Burroughs e Kerouac que se perdeu. No poema "Pull my daisy" (Puxe minha "margarida") de Ginsberg, Kerouac e Cassady[20], que daria o título ao filme de Robert Frank. Copidescavam-se, como na releitura de *Kaddish* de Ginsberg por Ferlinghetti. Assistiam-se: Ginsberg lendo páginas de *The Town and the City* (*Cidade pequena, cidade grande*)[21] por cima do ombro de Kerouac, incentivando-o.

E não apenas se tematizaram, citaram, prefaciaram, além de não economizarem dedicatórias, como aquela de "Uivo" a Kerouac, Cassady e Burroughs, e de *Sanduíches de realidade* a Gregory Corso. Também viajaram juntos pelos Estados Unidos e México, nos roteiros consagrados por Kerouac, e pelo mundo, por países europeus e asiáticos. E alucinaram juntos, partilhando visões. Freqüentaram-se ainda durante o sono, no mundo onírico, como pode ser visto em *O livro dos sonhos* de Kerouac[22] e nos relatos de sonhos em diários de Ginsberg. Estão sempre presentes nos diários publicados[23], além de alimentarem volumes de correspondência, com destaque para *The Yage*

---

20. GINSBERG. *Collected Poems, 1947-1980*. Harper & Row, 1984.

21. KEROUAC, Jack. *Cidade pequena, cidade grande*. Trad. Edmundo Barreiros. Porto Alegre: L&PM, 2008.

22. KEROUAC, Jack. *O livro dos sonhos*. Trad. Milton Persson. Porto Alegre: L&PM Pocket, 1998.

23. KEROUAC, Jack. *Diários de Jack Kerouac – 1947-1954*. Trad. Edmundo Barreiros. Edição e introdução de Douglas Brinkley. Porto Alegre: L&PM, 2006. GINSBERG, Allen. *Indian Journals*. City Lights, 1970. *Journals Early Fifties Early Sixties*. Grove Press, 1977. BALL, Gordon (org). *Journals Mid-Fifties, 1954-1958*. Harper Collins, 1995. LIEBERMANN-PLIMPTON, Juanita (org); MORGAN, Bill (org). *The Book of Martyrdom and Artifice*. Cambridge: Da Capo Press, 2006.

Letters (*Cartas do Yage*), de Ginsberg e Burroughs[24], e *As Ever* (*Como sempre*), a correspondência de Ginsberg e Cassady.[25] Ajudaram-se na busca por editores e espaços; convidaram-se para eventos.

E fizeram sexo juntos. O limite entre amizade e outras intimidades era fluido. E não só nas relações entre eles, como aquelas envolvendo Ginsberg, Kerouac, Cassady e as mulheres de Cassady, mas em sessões coletivas. O relato, por Diane di Prima[26], de um verdadeiro empilhamento de corpos, dela, de Kerouac, Ginsberg e Orlovsky, já em 1958, é confirmado por outras fontes. Ginsberg transando com Burroughs, no início daquela década, ou levando Corso imediatamente para a cama, ao conhecê-lo.

Movimentos literários têm plataforma. Propõem ou defendem uma poética. De modo mais ou menos explícito, expressam uma visão de mundo. Partilham uma ideologia. Tudo isso, poética, estética e ideologia beat, será visto aqui. Porém amizade e solidariedade foram maiores do que a plataforma ou programa. Um exemplo especialmente importante: a relação entre Ginsberg e Kerouac. O exame atento da contribuição de ambos mostrará o quanto o antagonismo de suas ideologias e visões de mundo foi se acentuando com o tempo. Mas Ginsberg foi irrestritamente fiel a Kerouac até o fim (e depois do fim, ao tratar dele em palestras e artigos), não importando o quanto o autor de *Os subterrâneos* condensasse a contracultura da qual Ginsberg foi um líder. A amizade foi maior do que as profundas diferenças entre um católico provinciano e um budista cosmopolita.

---

24. GINSBERG, Allen. *The Yage Letters*. City Lights, 1963; *Cartas do Yage*. Trad. Bettina Becker. Porto Alegre: L&PM, 1985.
25. GINSBERG, Allen; CASSADY, Neal. *As Ever – Collected Correspondence*. Berkeley: Creative Arts, 1977.
26. DI PRIMA, Diane. *Memoirs of a Beatnik*. Olympia Press, 1969.

Quando André Breton, figura máxima do surrealismo, morreu em 1966, Louis Aragon publicou um depoimento emocionado, declarando que o surrealista havia sido seu único verdadeiro amigo. Mas a adesão de Aragon ao PC e ao comunismo soviético, em 1932, acarretou também sua ruptura com Breton: nunca mais se falaram. Defenestrações surrealistas também significavam o fim da amizade.

Não se trata, aqui, ao comparar surrealismo a geração beat, mostrando essa diferença entre os dois movimentos, de tomá-la como critério de valor, argumentando que a heterodoxia beat foi melhor do que a ortodoxia surrealista, ou vice-versa. Ambas fazem sentido em suas circunstâncias. O paralelo só interessa por caracterizar melhor a beat. Houve, nas palavras de Ginsberg, *ideais essenciais do movimento artístico original*. Mas a dimensão propriamente expressiva da beat é inseparável da dimensão comunitária, da relação fraterna. Tolerância e apoio mútuo foram tão decisivos quanto ideais e idéias partilhadas. Especialmente no dia-a-dia, no microcosmo: por exemplo, de Ginsberg com o reacionarismo cada vez mais acentuado de Kerouac, com as loucuras de Orlovsky, com a conduta de Corso (inclusive aplicando-lhe desfalques), com Huncke e outros de seus amigos delinqüentes, com o modo como Carl Solomon questionou o tratamento que recebeu em "Uivo".

Associada a esta tolerância, à abertura ao que não fosse expressão da ordem estabelecida, está a diversidade interna da beat. Seu caráter multicultural foi acentuado por Ginsberg, ao traçar o perfil de seus integrantes[27]:

> Burroughs, protestante branco; Kerouac, índio norte-americano e bretão; Corso, católico italiano; eu,

---
27. No já citado prefácio de *The Beat Book*.

radical judeu; Orlovsky, russo branco; Gary Snyder, escocês-alemão; Lawrence Ferlinghetti, italiano, continental, educado na Sorbonne; Philip Lamantia, autêntico surrealista italiano; Michael McClure, escocês do meio-oeste norte-americano; Bob Kaufman, afro-americano surrealista; LeRoi Jones, poderoso negro, entre outros.

Talvez essa diversidade se relacione com características da própria sociedade norte-americana. A beat contou com negros e descendentes de imigrantes porque lá havia muitos negros e imigrantes. Mas reunir desde o filho de um morador de rua, Neal Cassady, até o descendente de uma elite econômica, William Burroughs, e do autodidata Gregory Corso, que conheceu literatura na cadeia, até Lawrence Ferlinghetti, doutorado na Sorbonne, a diferencia de movimentos europeus – e de outros lugares: nossos modernistas de 1922 têm perfis bem próximos uns dos outros. Pela primeira vez, as rebeliões artísticas antiburguesas não foram encabeçadas exclusivamente por burgueses ou aristocratas. Vanguarda literária com adesão de proletários? Talvez. E proletarização voluntária, levando em conta as ocupações dos beats em seu período de obscuridade. Porém, mais que ao proletário, a beat se associou ao lúmpen, o extrato inferior da sociedade, considerando algumas das amizades de Ginsberg, Kerouac e Burroughs, e de onde vinham Corso e Cassady. Literatura marginal por marginais.

A diversidade da beat se torna mais evidente ainda ao se examinar sua formação mais ampla. De um lado, alguém como Ray Bremser, ex-presidiário: sua mulher, a poeta Brenda Fraser, prostituiu-se no México para que comprassem drogas e entregou um filho para adoção – experiências de horror. De outro, um sacerdote, William

Everson, o Brother Antoninus, e uma freira, Mary Kortes – ambos largaram o hábito, mas prosseguiram a levar vidas monásticas.[28]

Junto com o pluralismo, a heterodoxia. Quando preparei a tradução de poemas de Ginsberg em 1983, ele me enviou seu *resumé*, a sinopse biográfica. Nela, na seqüência, sua condição de membro da American Academy and Institute of Arts and Letters, o equivalente norte-americano da nossa ABL, e de conselheiro editorial de *The Marijuana Papers*. Mas, novamente, isso tem a ver com o contexto norte-americano: a Academy não é tão tradicionalista e conservadora quanto o foram suas congêneres francesa ou brasileira. E com o modo como Ginsberg representou uma superação da dicotomia entre poeta maldito e olímpico. Nunca se inibiu em ganhar prêmios e participar de instituições. Depois de receber o National Book Award (Prêmio Nacional do Livro) em 1973, por *The Fall of America*[29] e, em 1979, a medalha de ouro do National Arts Club, tornou-se professor emérito do Brooklyn College a partir de 1986. Entre outras honrarias, foi laureado com a medalha de Chevalier de l'Ordre des Arts et des Lettres pelo Ministério da Cultura francês, em 1994, e com a Phi Betta Kappa de Harvard no mesmo ano.

Para ele, política não comportava sectarismo; misticismo nunca significou apatia; lecionar em instituições e ser membro de academias não o fez simular seriedade. O poeta recebido com honrarias em Harvard, de cujos alojamentos fora obrigado a sair por promover orgias em 1964, e em Columbia, onde havia sido suspenso em

---

28. Sobre Brenda Fraser e Mary Kortes, o já citado *Women of the Beat Generation*.

29. GINSBERG, Allen. *A queda da América*. Trad. Paulo Henriques Britto. Porto Alegre: L&PM, 1985.

1945, continuava o protagonista daqueles incidentes, e não um arrependido e convertido. Basta ler sua poesia das décadas de 1980 e 1990, cujo tom em nada arrefeceu nos poemas falando de política e, principalmente, de sexo. Além disso, o ganhador de láureas, tema das homenagens, continuava fichado, sob proibição de órgãos públicos norte-americanos subvencionarem suas apresentações no exterior, além de restrições à leitura de poesias dele e de outros beats pelo rádio, em nova onda de censura, contra a qual protestou energicamente. Algo semelhante se vê em Gregory Corso, ganhador do National Book Award e de outros prêmios importantes, e, ao mesmo tempo, consistentemente marginal: a depreender do relato de Sam Kashner[30], fazer oficina literária com ele no Naropa Institute, por volta de 1976, era acompanhá-lo até a cidade para comprar drogas.

Heterodoxia também no modo de os beats se relacionarem com a própria geração beat, tornando voláteis as fronteiras desse movimento. Em várias ocasiões, Ferlinghetti, Burroughs, Lamantia e Solomon procuraram marcar distância, afirmando não serem beats. Por exemplo, Ferlinghetti, em um livro brasileiro de entrevistas com autores norte-americanos: *Mas eu mesmo nunca me considerei um membro da geração beat.*[31] O que não impediu Ferlinghetti e Burroughs de figurarem no aqui citado *The Beat Book* e em tantas outras coletâneas sobre esse movimento.

Correlatamente, a base literária da beat é tão ampla. Retomando o paralelo, surrealistas certamente leram muito; assimilaram e prosseguiram uma tradição romântica

---

30. KASHNER, Sam. *Quando eu era o tal*. Trad. Santiago Nazarian. São Paulo: Planeta, 2005.
31. LOPES, Rodrigo Garcia. *Vozes e visões – panorama da arte e cultura norte-americanas hoje*. São Paulo: Iluminuras, 1996.

e uma herança simbolista – mas a expressão surrealista tem mesmo, como ponto de partida, as prosas poéticas de Rimbaud e *Os cantos de Maldoror*, de Lautréamont. Na beat, as influências mais importantes cobrem um arco que vai de Dostoiévski a Ezra Pound, de Whitman e dos transcendentalistas norte-americanos a Louis-Ferdinand Céline, de García Lorca a Gertrude Stein, de William Blake a Thomas Wolfe. Comentaristas e estudiosos citam a distinção feita por Hal Chase, o antropólogo amigo de Cassady, na formação inicial do movimento, em Nova York na década de 1940, entre duas correntes, dos "wolfeanos", narradores tendo Thomas Wolfe como modelo (com Kerouac e Cassady), e "não-wolfeanos", europeus, baudelairianos, visionários, com Ginsberg e Burroughs como representantes. Mas a distinção é frágil, inclusive pelo modo como Kerouac e Ginsberg se transcreviam, interagiam literariamente: imagens e frases inteiras do Kerouac de *Cidade pequena, cidade grande, On the Road: Pé na estrada*[32] e narrativas subseqüentes reaparecem em *Uivo e outros poemas* de Ginsberg; este, por sua vez, é transcrito à vontade naquelas narrativas. Algo entre intertextualidade e promiscuidade. Na década seguinte, na formação mais ampla em San Francisco, é possível distinguir entre um beat mais apolíneo, como Ferlinghetti, e alguém tão visceral como McClure.

Diversidade, heterodoxia, também no interior das obras desses poetas. A seleção de McClure em *The Beat Book* começa pela "Fuck Ode" (algo como "Ode à foda") e "Dark Brown" (Marrom escuro), com *Meu pau é azul e rosa na vasta/ noite [...] Abra sua boca para*

---

32. Kerouac, Jack, *On the Road: pé na estrada.* Trad. Eduardo Bueno. L&PM Pocket, 2004; ou então, o recente *On the Road – o manuscrito original.* L&PM, 2008. Traduzido por Eduardo Bueno e Lúcia Brito da edição preparada por Howard Cunnell.

mim Você/Eu. Deixe-me pôr a enorme cabeça do meu pau/ em sua língua novamente em negrume [...] EU/ FIGURA ENORME FODENDO NO NEGRUME, para adiante, na seleção de *Ghost Tantras* (*Tantras Fantasmas*) apresentar seus típicos trechos de glossolalias, fonemas não-semantizados, mantras ou versão pessoal do "falar em línguas" pentecostal: *GOOOOOOOOOOR!/ GROOOOOOOOOOOOOOOOOH!/ GOOOOOOOO./ ROOOOOOOOOOOH!/ POWFF! RAHH! BLAHHR!* – ou não, talvez nas duas passagens estivesse dizendo o mesmo, mas expressando-o de modos distintos.

Em Ginsberg se encontra essa diversidade de modo mais acentuado. Folheando seus *Collected Poems*[33], deparamo-nos, na seqüência, com o registro de uma visão sob efeito de metedrina em Hollywood, poemas bem engajados, panfletários, como "Pentagon Exorcism" (Exorcismo do Pentágono) e uma elegia a Che Guevara, um mantra a propósito dos flats de Cleveland – *Om Om Om As Ra Wa Buda Dakini Yea,/ Benzo Wani Yea Benzo bero/ Tsani Yea Hüm Hüm Hüm/ Phat Phat Phat Svaha!* – e, entre as comovidas elegias a Neal Cassady, um irônico poemeto sobre beijar a bunda, "Kiss Ass", e outro, "Please Master" (Por Favor, Senhor), com duas páginas sobre como é ser sodomizado. A oscilação entre pólos, do mantra ao sexo explícito, do sagrado ao profano, do espiritual ao material, é típica da beat e especialmente característica de Ginsberg. Faz parte de sua religiosidade transgressiva.

Autores, poetas e prosadores; protagonistas de biografias; líderes ou porta-vozes de movimentos sociais: essa tríplice caracterização dos beats exige, para comentá-los,

---

33. GINSBERG. *Collected Poems, 1947-1980*; também *A queda da América*, já citados.

a diversidade equivalente de enfoques e perspectivas. É preciso examiná-los como crítico literário ao tratar do que escreveram. Como biógrafo. E como historiador.

Obras publicadas são o que permanece. Crônicas de costumes só as acompanham. Mas foi característico dos beats confundirem as três esferas, da produção simbólica, da vida e dos acontecimentos históricos e sociais. Personagens de si mesmos, foram pratos cheios para biógrafos – só o que existe de estudos biográficos sobre Kerouac preenche uma longa prateleira de estante. Liberdade de expressão foi indissociável do teste dos limites da liberdade individual e das tentativas de projetá-la como utopia política. Por isso, inauguraram uma nova relação entre arte e vida, literatura e sociedade. Ou então, intensificaram e levaram a extremos uma relação já existente no romantismo (em comum a beats e românticos da geração dos *Jeune France*, há o fato de terem sido boêmios e terem deixado crescer as barbas), no simbolismo-decadentismo da *belle-époque* (também grupal e boêmio, além de contar com místicos e simpatizantes do anarquismo) e em vanguardas. Mas foi através da beat que transformações na linguagem extrapolaram ao se converterem em rebelião coletiva.

Como observaram os já citados Jouffroy e Lebel, até então, mesmo obras inovadoras como as de Breton, Artaud e Michaux resultavam em tiragens de uns poucos milhares de exemplares. Ao tornarem-se fenômenos editoriais, também se tornaram emblemas da mudança no plano da conduta individual, do conjunto das relações sociais.

A condição de fenômenos editoriais não pode ser dissociada dos escândalos e das tentativas de censura através de processos abertos contra algumas de suas obras, desde *Howl and other Poems*, de Ginsberg, em 1956, até a edição norte-americana de *Naked Lunch* (*Almoço nu*)[34], de Burroughs. Nesse campo, os beats ganharam todas: o veredicto do Supremo Tribunal norte-americano, liberando *Naked Lunch* em 1966, apesar dos *cus falantes* e perversidades, inviabilizou, desde então, a censura de obras literárias. Houve reversão, uma virada de jogo, levando em conta que a demora na publicação dessas obras, especialmente os seis anos entre o término de *On the Road* e seu lançamento, deveu-se, em parte, ao medo diante da sua temática e linguagem. Conquista da liberdade de expressão: uma parcela importante do legado beat. Legado a ser preservado e defendido: toda vez que escrevo sobre Ginsberg ou a beat, tenho ocasião para mencionar alguma nova modalidade de censura que quer voltar pela porta dos fundos – em 1999, fechamentos de exposições como as de Robert Mapplethorpe e Nelson Leirner; agora, a moda das censuras judiciais, inclusive a biografias. Censores podem estar à sombra – mas não dormem.

Uma das conseqüências da repercussão: não apenas ampliaram o público da poesia, mas a presença pública da poesia. Escreveram transcrevendo a fala; reciprocamente, falavam o que escreveram. Não por acaso, a beat rompeu a barreira da exclusão literária em uma sessão de leitura de poesia, a récita da Six Gallery de 1955. Poesia sempre foi falada; bem antes, inclusive, de circular por escrito. Récitas existiam há muito, e outros poetas já haviam atraído multidões: Neruda apresentou-se no estádio do Pacaembu ao vir a São Paulo. Mas o alcance da recitação de poemas mudou a partir da beat, desde a subseqüente proliferação de sessões em pequenos locais, cafés ou livrarias, algo que acontecia, mas não na mesma escala,

---

34. BURROUGHS, William. *Almoço nu*. Trad. Reinaldo Moraes. São Paulo: Brasiliense, 1984.

até as grandes manifestações ao ar livre, no mundo todo. Houve reintegração da poesia à fala.

Daí a leitura da beat requerer uma perspectiva especial. É função da crítica interpretar obras e mostrar onde está (ou não está) o valor literário. A criação de Kerouac foi desigual, com notórios altos e baixos. É possível localizar onde Ginsberg foi genial e onde foi circunstancial. Mas a crítica literária da beat não pode ser apenas formal: tem que ser comprometida, engajada.

Exemplificando: no final da década de 1980, foram publicados artigos em suplementos literários norte-americanos, discutindo se Ginsberg seria mesmo o maior poeta americano vivo, confrontando-o com John Ashbery. A qualidade da poesia de Ashbery é indiscutível.[35] Mas os parâmetros aplicados a um ou outro não deveriam ser os mesmos. No exame de Ginsberg, é preciso pesar a projeção, na literatura e fora dela, do que escreveu; a síntese, pela mesma voz, do poeta, personagem e líder geracional. Contrariando ditames mais acadêmicos, a crítica tem que levar em conta o autor e as conseqüências do que fez. No caso da beat, tais conseqüências, decorrentes da recepção e da repercussão, estão dentro da obra; são componentes do valor, indissociáveis do texto. Isso foi observado por Ferlinghetti[36], ao fazer ressalvas ao espontaneísmo beat, baseado no preceito do *first thought, best thought*, primeiro pensamento, melhor pensamento:

> O que é um método legal no caso de um Ginsberg ou de um Snyder, porque eles têm mentes fascinantes,

---

35. CONCAGH, Viviana Bosi. *John Ashbery – Um módulo para o vento*. São Paulo: EDUSP, 1999. Com ensaios dessa autora e seleção de poemas de Ashbery.

36. Em sua entrevista ao já citado *Vozes e visões – panorama da arte e cultura norte-americanas hoje*, de Rodrigo Garcia Lopes.

interessantes. Tudo o que sai da mente deles é interessante. Mas acho ruim existir uma escola inteira de jovens poetas usando essa técnica, jovens que não têm mentes como a de Ginsberg e Snyder. [...] é uma técnica válida desde que você tenha uma vida interior e uma mente interessantes, quando você tem uma consciência original a ser expressa.

É a identificação de autor e obra: se o autor for interessante, a obra também poderá sê-lo. O antiformalismo total.

Houve, a partir dos anos 1970, um resgate beat, recuperação de seu interesse e prestígio, não mais apenas como expressão do ciclo da contracultura que parecia haver se encerrado. Desempenharam papel decisivo obras de estudiosos de literatura que também são biografias: o livro pioneiro sobre Kerouac, de Ann Charters[37], e *Naked Angels*, de John Tytell[38], um estudo sobre Ginsberg, Kerouac e Burroughs que alterna biografia e crítica literária. Reciprocamente, uma biografia substanciosa de Kerouac, *Memory Babe*, de Gerald Nicosia[39], tem boa parte de suas páginas ocupada por crítica literária, ao examinar atentamente sua obra.

O presente ensaio talvez dê a impressão de um viés, pelo modo como focaliza Ginsberg e sua contribuição. Isso poderia ser associado ao fato de o autor ser seu tradutor e divulgador no Brasil e pelo conseqüente acesso privilegiado

---

37. CHARTER, Ann. *Kerouac, a Biography*. Straight Arrow, 1973. Há sucessivas reedições, inclusive a brasileira de 1989, esgotada.
38. TYTELL, John. *Naked Angels*. McGraw Hill, 1976.
39. NICOSIA, Gerald. *Memory Babe, a critical biography of Jack Kerouac*. Penguin Books, 1983.

à sua obra.[40] Mas, sob o ponto de vista histórico, os autores beat a examinar com maior atenção, por estarem na origem do movimento e não só pelo que significam como sua expressão, são mesmo Ginsberg, Kerouac e Burroughs. E, por consolidá-lo, Ferlinghetti.

Não há geração literária sem editor. Por isso, inclusive pela coragem ao publicar obras que seriam alvo de processos, não só pela autoria de poemas, foi decisiva a participação de Ferlinghetti, por muito tempo o principal editor beat através da City Lights Books.

Burroughs foi um mentor, fonte de informação e idéias na formação do movimento, além de ampliar fronteiras da narrativa em prosa. Kerouac se destaca pela criação literária e por ter sido o personagem beat por excelência, responsável direto por sua popularização. Se Ginsberg foi um místico da beat, Kerouac encarnou essa mística.

Mas Ginsberg foi o ideólogo, o pensador da beat em palestras, manifestos e ensaios, ao longo de toda a sua vida. E seu grande agitador. Barry Miles credita a própria existência desse movimento à sua capacidade de fazer contatos e promover animação cultural, levado pelo messianismo, por acreditar-se cercado por uma constelação de gênios a quem tinha a missão de divulgar:

> Sem Allen [Ginsberg], Burroughs quase certamente nunca teria publicado *Junkie* nem continuado sua carreira de escritor. Sem Allen, é improvável que Kerouac houvesse publicado qualquer coisa além de seu primeiro livro, e mesmo esse foi feito com

---

40. Inclusive às edições que saíam dele e que ia me enviando, poemas pela Harper Collins, diários etc.; entre outras, uma sensacional edição crítica, comentada, com as versões de "Uivo", e, por último, este valioso *The Beat Book*, aqui citado.

sua ajuda. Ao longo dos anos seguintes, dedicou uma enorme quantidade do seu tempo a promover Kerouac, Burroughs, Snyder, Whalen, Orlovsky e os demais escritores genericamente conhecidos como os beats, bem como a promover poetas pós-Williams [William Carlos Williams], a quem era menos próximo ou sequer conhecia pessoalmente, como Levertov, Oppenheimer, Marshall, Zukofsky e Niedecker.[41]

Ginsberg não só articulou a beat e a formulou através de ensaios e palestras, como a institucionalizou, através da criação, inicialmente, de uma fundação, assim que seus rendimentos o permitiram, para subvencionar os companheiros. Contou também com a ajuda de Chögyam Trungpa Rimpoche, do Naropa Institute, e da Jack Kerouac School. Impressiona essa capacidade de ser um místico, de delirar, e ao mesmo tempo pensar como administrador. Outro aspecto da sua vocação para superar antinomias.

---

41. MILES, Barry. *Ginsberg, a Biography*. Simon and Schuster, 1989.

2

A BEAT SUBTERRÂNEA

Dezembro de 1943.

Já nevava em Nova York.

Os extensos corredores dos alojamentos de estudantes da Universidade de Columbia no Union Theological Seminar, esquina da Broadway com a 122th Street. Alojamentos provisórios – os do próprio campus de Columbia estavam tomados por recrutas, de partida para a guerra.

Naquele 15 ou 16 de dezembro de 1943[42], o sétimo andar do Union Theological Seminar estava vazio, pela proximidade dos feriados de fim de ano. No corredor, um solitário bolsista, aluno há um semestre: Allen Ginsberg. Atraiu-o a música que saía de um dos quartos. Uma peça de câmara de Brahms. Qual? Aqui, curiosamente, fontes divergem. Há um depoimento de Ginsberg, dizendo ser o *Trio nº 1*, que ele nunca havia ouvido antes.[43] Mas Barry Miles diz que a peça executada era o *Quinteto para Clarineta e Cordas*, e que Ginsberg a reconheceu.[44] Teria a memória traído Ginsberg? Ou o biógrafo romanceou o episódio?[45]

---

42. Reconstituo a data possível pela entrada do diário de Ginsberg cobrindo aquele período, o já mencionado *The Book of Martyrdom and Artifice*.
43. GIFFORD, Barry; LEE, Lawrence. *Jack's Book: An Oral Biography*. Penguin, 1979.
44. No já citado Miles, *Ginsberg, a Biography*.
45. Isso é pouco provável. A biografia de Miles foi examinada por Ginsberg, antes de ser publicada. E Miles comparou depoimentos, trabalhou – como todo biógrafo que se preze – com múltiplas fontes.

Qualquer que fosse a peça de Brahms, conhecendo-a ou não, Ginsberg entrou no quarto de onde saíam os sons. Apresentou-se para o dono da vitrola e do disco, um rapaz loiro, de uma beleza que o impressionou: Lucien Carr. "Muito bem! Um oásis no deserto", comentou Carr, ao perceber que Ginsberg apreciava sua música.

Dois anos mais velho do que Ginsberg, sofisticado, atraente, Carr já havia sido desligado de duas outras universidades. Freqüentava os locais de reunião da boemia composta por artistas e intelectuais, estudantes, músicos de jazz, drogados e delinqüentes. Era um leitor de Rimbaud: na sua estante repleta, Ginsberg reparou no exemplar de *Uma temporada no inferno*, junto com *Judas, o obscuro*, de Thomas Hardy, *Ética*, de Spinoza, e outros títulos. Rimbaud: que autor tutelar, presente na origem de tantos movimentos e vocações.

Carr adotou Ginsberg e o introduziu em seu círculo de amigos. Já naquele final de semana de dezembro de 1943, às vésperas do Natal, o levou para conhecer Burroughs. E, em março de 1944, o apresentou a Kerouac, que namorava sua amiga Eddie Parker, era seu parceiro em noitadas e se tornou o interlocutor e confidente de Ginsberg, em quem despertou imediata atração.

Irvim Allen Ginsberg nasceu em Newark, Nova Jersey, a 3 de junho de 1926; morreu a 5 de abril de 1997. Seus pais eram de famílias de judeus russos emigrados. Louis Ginsberg foi poeta e professor de literatura no secundário; chegou a ser publicado em antologias importantes e freqüentou círculos literários de prestígio. A mãe, também professora, passou boa parte da vida internada, vítima de delírios paranóicos: surtos, internações e dramas correlatos passados em revista no extenso poema "Kaddish".

A infância e a juventude de Ginsberg em Paterson[46], para onde logo se mudaram e Louis passou a lecionar, foram difíceis e dolorosas. Cresceu, contudo, em um ambiente culto, pelas leituras e pela produção de seu pai, e politizado, também por influência de Louis, socialista, e de Naomi, comunista militante e feminista. O drama familiar o fez interrogar-se sobre sua identidade, seu papel na sociedade e no mundo. Contribuiu para que desenvolvesse tolerância e simpatia pela loucura e pela excentricidade, quer fosse de personalidades da literatura ou das pessoas com quem conviveu. Orientou-o a idéia de ser possível uma sociedade na qual, harmoniosamente, coubessem os loucos, como sua mãe, e, por afinidade, todas as modalidades de conduta estranha. Seu messianismo consistiu em haver-se atribuído a missão de realizar essa utopia. O trânsito por dois mundos, da marginalidade e da cultura erudita, foi um modo de projetar essas idéias no plano da vida, e não só na expressão literária.

Depois de completar o colégio em Paterson, onde trabalhou na biblioteca local, ingressou, aos dezessete anos, na Universidade de Columbia, como bolsista. Pretendia ser advogado trabalhista, seguindo a trilha do irmão mais velho, Eugene. A caminho de Nova York, na balsa de Hoboken, fez juramentos de estudar e formar-se para ajudar a melhorar a humanidade, conforme relatado em "Kaddish".

Já escrevia poesia – mas suas novas amizades definiram sua vocação, especialmente através de Kerouac e Burroughs. Sua poesia juvenil é formalmente tradicional. Seu estilo se constituiria não só através de leituras, mas da audição, da fala de Neal Cassady e da correlata prosódia bop de Kerouac. E do diálogo, principalmente com

---

46. Paterson e Newark em Nova Jersey, adjacentes a Nova York.

William Carlos Williams[47], notável poeta objetivista, seguidor de Pound, que prefaciaria *Uivo* e a quem conheceu ao voltar a Paterson em 1950, depois de ser internado em um hospício e desligar-se de Columbia. E da conseqüente aproximação à prosódia da fala norte-americana. Voltada para o concreto, para a experiência imediata, a poesia de Williams se contrapunha à predileção pelo abstrato, por temas metafísicos, de boa parte da produção da época (e da poesia inicial de Ginsberg). Seu lema: *nada de idéias fora das coisas*. Assim como a prosódia bop de Kerouac, contribuiu para que Ginsberg escrevesse de modo coloquial, abandonando o empolado *thou* (tu) por *you* (você). Substituiu o verso metrificado e rimado pela forma "aberta", livre, com ritmo silábico, e a rima por alternâncias, aliterações, rimas internas.

Em Columbia, Ginsberg revelou seu talento para envolver-se em confusões. Logo seria suspenso da universidade, em março de 1945. Uma faxineira recusava-se a arrumar seu alojamento; em represália, Ginsberg rabiscou frases com o dedo no pó que recobria a janela: "*Fuck the Jews*" ("fodam-se os judeus" – achava que a faxineira era anti-semita) e escreveu também que o reitor de Columbia não tinha culhões, "*Butler has no balls*", além de desenhar um pênis e uma caveira com tíbias cruzadas. A suspensão também foi por hospedar Kerouac, proibido de pisar em Columbia. Implícita, a suspeita de haverem passado a noite fazendo sexo. Foi resolvido que não retornaria a Columbia antes de trabalhar em um emprego durante um ano e consultar um psiquiatra, que deveria atestar suas condições de cursar a universidade.

---

47. Poemas de Williams foram traduzidos por José Paulo Paes, em uma coletânea publicada pela Companhia das Letras em 1987, infelizmente inencontrável.

Até profissionalizar-se como poeta, Ginsberg, a exemplo de outros beats, formou um currículo eclético de ocupações: lavador de pratos, faxineiro, marinheiro, redator, pesquisador de mercado.

Conforme relatou em poemas e depoimentos, chegou a Columbia praticamente virgem. Formou sua identidade sexual concomitantemente à identidade literária, do garoto inibido de 1943 ao sátiro dos anos 1950 em diante. Apaixonou-se imediatamente por Kerouac. E por Cassady, três anos depois, em uma relação dilacerante, pela impressão de ser correspondido. Antes de estabilizar-se com Peter Orlovsky, e também depois, teve namoradas, relações com mulheres. Além das sessões coletivas.

Sua agitação chamava a atenção: uma disposição para conversas investigando a razão de estar no mundo, o sentido da vida. Um registro do estilo Ginsberg de conversar está no capítulo 4 de *Cidade pequena, cidade grande*, de Kerouac, nos diálogos de Peter Martin (um dos alter egos de Kerouac) e Leon Levinsky (calcado em Ginsberg), descrito como *um dos jovens mais estranhos e mais curiosamente exaltados que Peter jamais conhecera.*

Jack Kerouac – Jean-Louis Lebris de Kerouac – nasceu a 12 de março de 1922 em Lowell, Massachusetts; morreu a 21 de outubro de 1969.[48] Sua família seria de origem franco-canadense: um ancestral da Bretanha teria vindo para o Canadá no início do século XVIII[49]; seu avô

---

48. Sobre Kerouac, minhas principais fontes são: BUIN, Yves. *Kerouac*. Porto Alegre: L&PM Pocket, 2007; NICOSIA, Gerald. *Memory Babe, a critical biography of Jack Kerouac*. Penguin, 1983; e o já citado *Jack's Book*.

49. Há divergência entre biógrafos: Yves Buin dá como verdadeira essa genealogia; outros biógrafos entendem que Kerouac inventou essas origens nobiliárquicas.

emigrara da região de Quebec para os Estados Unidos no final do século XIX. Sua primeira língua, o *joual*, dialeto *canuk*, franco-canadense: aprendeu o inglês e aperfeiçoou o francês na escola. A condição bilíngüe, de uma espécie de estrangeiro em seu país, certamente tem relação com seu modo de escrever: a sintaxe, o ritmo e a prosódia, sua exagerada amplidão vocabular. Chegou a declarar que, escrevendo em inglês, pensava em francês. O irmão mais velho, Gerard, morreria em 1926, aos dez anos de idade, e essa perda o marcaria profundamente.

A genealogia de Kerouac (que por duas vezes a tentaria reconstituir em viagens à Europa, buscando parentes e informação sobre antepassados) descreve uma rota descendente, da nobreza medieval européia até a proletarização norte-americana no século XX. O pai, Leo, gráfico, perderia sua empresa em uma enchente do rio Merrimack, que atravessa Lowell, em 1936. Contribuiu para a bancarrota ser apostador, jogador compulsivo. Mudaram-se para Ozone Park, em Queens, em Nova York, e a mãe, Gabrielle, foi trabalhar em fábricas de sapatos para ajudar a sustentar a família. O pai era descrente, avesso à religião; a mãe, devota: dela, recebeu uma formação católica, tradicionalista. Na adolescência, o despertar de duas vocações: para o esporte, especialmente o rúgbi, e para a escrita. Ambas se encontraram, pois foi cronista esportivo do *The Sun*, jornal de Lowell. Um amigo de adolescência, Steve 'Sammy' Sampas, morto durante a Segunda Guerra Mundial, na batalha de Anzio, orientou seus gostos literários: sua irmã, Stella, foi a terceira e última das esposas de Kerouac. Os Sampas eram da colônia grega de Lowell, assim como outro de seus amigos, George Apostolos: multiculturalismo já em sua formação.

É característica de Kerouac a relação com os estrangeiros e seus descendentes e, em termos mais gerais, os estranhos ou marginalizados no mundo norte-americano: mexicanos e mexicanas (dois casos com mulheres mexicanas teriam resultados literários: com a bóia-fria na Califórnia relatado em *Pé na estrada*, com a prostituta e traficante por ele sacralizada no México, que rendeu *Tristessa*), negros (inclusive os jazzistas que cultuou) e negras; uma delas, a Mardou Fox, de *Os subterrâneos*.

Sua vida sexual e amorosa: um assunto que alimentou divergências. Yves Buin o põe em companhia de um cordão de mulheres, incluindo seus três breves casamentos. O primeiro com Eddie Parker, a amiga de Carr. Pouco depois, com Joan Haverthy, com quem teve uma filha, Jan (resistiu a reconhecê-la). E, em seus dois últimos anos de vida, com Stella Sampas. Joan Haverthy havia sido namorada de Bill Cannastra, advogado alcoólatra e bon-vivant, seu amigo, que morreu ao debruçar-se para fora da janela do metrô.[50] Houve ainda companheiras como Joyce Glassmann[51], mais a relação com Carolyn, a mulher de Neal Cassady, os casos com as mexicanas e negras, visitações a prostitutas e transas ocasionais. Precedendo-as, a paixão pela colega de adolescência Mary Carney, a *Maggie Cassidy* do título de uma de suas narrativas. Mas outro biógrafo, Ellis Amburn, sustentou a tese de sua homossexualidade[52]: relações com mulheres seriam desvios ou fugas. É sabido que Kerouac chegou a divertir-se com marinheiros, e satisfez Ginsberg em algumas ocasiões. Chegou a passar uma noite com Gore Vidal no período de criação de *Os subterrâneos*, em 1953. Sua aparência física (atleta, moreno,

---

50. Esse episódio consta em *Uivo e outros poemas*, de Ginsberg e em *Go*, de John Clellon Holmes.

51. Que depois, assinando como Joyce Johnson, escreveria *Minor Characters*, livro sobre a beat.

52. AMBURN, Ellis. *Subterranean Kerouac – The Hidden Life of Jack Kerouac*. St. Martins Press, 1998.

de olhos azuis) punha-lhe à disposição o mundo do sexo e dos encontros amorosos. A normalidade o entediava, e isso se refletiu em sua relação com Eddie Parker e Joan Haverthy. A intensidade da atração por Mardou, tal como relatada em *Os subterrâneos*, teria sido literária: na vida real, não se importou por Gregory Corso tirá-la dele.

O esporte lhe possibilitaria tornar-se bolsista de Columbia, para disputar o campeonato de rúgbi da liga principal. Tiraram-no do jogo, e da universidade, uma contusão grave (quebrou a perna) e o desentendimento com o técnico da equipe. Convocado e mobilizado pela Marinha de Guerra, foi diagnosticado como louco e internado durante três meses por sua rebeldia, antes de ser dispensado. Passou para a Marinha Mercante, na qual fez viagens de alto risco – o cargueiro em que foi à Groenlândia seria afundado por um submarino alemão na viagem seguinte, ocasionando mil baixas. Antes do sucesso de *On the Road*, ganhou a vida com ofícios modestos: na ficha que preparou como prefácio de *Lonesome Traveler* (*Viajante solitário*)[53], diz que foi ajudante de cozinha e lavador de pratos (em bares e não só nos navios), balconista, guarda-freios em ferrovias (em companhia de Cassady), frentista em postos de gasolina, carregador de malas, colhedor de algodão, guarda florestal.

Kerouac, o leitor voraz. Yves Buin, reportando-se a 1944: *Kerouac lê de tudo, de Goethe a Lautréamont, passando por Freud e Koestler. Sua leitura assídua e recorrente de Shakespeare ensina-lhe o domínio ao qual aspira.* Antes, Shelley e Byron, através de Sammy Sampas. *Ulisses* e *Finnegans Wake* de Joyce; os autores-viajantes, Jack London e Herman Melville. Mas as influências mais fortes, como

---

53. KEROUAC, Jack. *Viajante solitário*. Trad. Eduardo Bueno. Porto Alegre: L&PM Pocket, 2006.

revelam seus diários[54], são Thomas Wolfe[55], matriz de *Cidade pequena, cidade grande*, e Dostoiévski: um título como *Os subterrâneos* é alusão a *Memórias do subsolo*. O escritor: precedendo a extensa narrativa de estréia, havia preenchido inumeráveis laudas, incluindo *The Sea is my Brother* (O mar é meu irmão), escrito enquanto navegava, mais *Galloway*, uma versão de *Vanity of Duluoz*, e *And the Hippos Were Boiled in their Tanks* (E os hipopótamos foram fervidos em seus tanques) em parceria com Burroughs.

Ao sair da universidade, Kerouac iniciou uma bebedeira que prosseguiria até o fim da vida. A bebida o matou. Estimulantes, as anfetaminas, sob cujo efeito escreveu boa parte de sua obra, também afetaram sua saúde – certamente, provocaram sua flebite. Maconha, à vontade, especialmente nas estadias mexicanas. Morfina, em companhia de Burroughs, heroína e ópio também, surpreendendo não ter-se tornado dependente. Não apreciava alucinógenos, ao contrário de Ginsberg.

Da boemia ao jazz: Kerouac presenciou o nascimento do bebop nas jam-sessions do Minton's e no Apollo Theater. Ouviu Thelonius Monk, Kenny Clarke, Charlie Christian, e cruzou com os então desconhecidos Dizzy Gillespie e Charlie Parker. Nos diários, menções a Lennie Tristano, pianista especialmente *cult*. Dessa freqüentação nasceu a idéia da equivalência literária, a prosódia bop.

Nos intervalos entre viagens, ficava no apartamento da mãe em Ozone Park, bairro de Queens, subúrbio de Nova York. Gabrielle, homofóbica, anti-semita, chegaria a expulsar Ginsberg de sua casa; mas subvencionou a

---

54. O já citado *Diários de Jack Kerouac*.
55. O autor de romances memorialísticos, como *Look Homeward, Angel, You Can't Go Home Again*, e, disponível em português, *O menino perdido*, contos – não confundir com Tom Wolfe, o expoente do *new journalism*.

enorme produção literária de Kerouac na primeira metade da década de 1950 ao sustentá-lo. São os onze livros a que se refere Ginsberg na dedicatória de *Uivo*, de 1956, e que podem ser divididos em dois ciclos: um deles, de viagens e aventuras beat, como *On the Road – pé na estrada*, *Visions of Cody*, *Os subterrâneos*; outro, de rememorações de infância e adolescência, como *Maggie Cassidy*, *Visions of Gerard* e *Doctor Sax*, além dos livros de poemas, *San Francisco Blues* e *México City Blues*, e duas obras sobre budismo, *Some of de Dharma* (*Algum Darma*) e *The Scripture of Golden Eternity* (*A escritura da eternidade dourada*). Outras obras do ciclo de viagens e aventuras, como *The Dharma Bums* (*Os vagabundos iluminados*) e *Lonesome Traveler* (*Viajante solitário*), vieram depois do lançamento de *On the Road*. Nelas presente, uma qualidade que resistiu (como assinala Buin) à dissipação e às crises: a memória. *Visions of the Great Rememberer*, visões do grande "lembrador", o título que Ginsberg deu a seu livro sobre Kerouac. *Memory Babe*, garoto memória, seu apelido de infância e o título da biografia por Nicosia.

William Seward Burroughs nasceu a 5 de fevereiro de 1914 em Saint Louis; morreu em idade avançada, a 2 de agosto de 1997, apesar da vida que levou. Neto do inventor da calculadora, Burroughs não era rico (é um erro descreverem-no como milionário): o pai se havia desfeito da sua parte na Burroughs Corporation, e ele recebia duzentos dólares de mesada da família.[56]

Foi o mais radical dentre os beats na experimentação e dono da biografia mais acidentada. Antropólogo, formado em Harvard, viajou para a Europa e foi estudar

---

56. Minha principal fonte é a biografia de Burroughs: MORGAN, Ted. *Literary Oulaw – The Life and Times of William S. Burroughs*. Avon Books, 1988

medicina em Viena. Homossexual desde a adolescência, freqüentador de bares e saunas gay nos Estados Unidos e na Europa, casou-se com uma refugiada do nazismo, Ilze Kapper, possibilitando-lhe sair da Europa. Também foi aquele com o melhor currículo em ocupações estranhas: além de balconista de bar e operário em fábricas, exterminador de insetos em Chicago e oficial de justiça.

Havia optado pela transgressão em seus dois níveis, intelectual e pessoal. Daí a associação a Herbert Huncke, Bill Garver e outros ladrões e traficantes. Ao experimentar de tudo e viver plenamente o submundo, logo se viciou em morfina e heroína. Passou ao tráfico e ao furto de bêbados que dormiam na rua, com Huncke e Garver. Iniciou a ficha policial com uma detenção por falsificação de receitas para comprar drogas. O episódio e a sede de aventuras o levaram, já em 1947, a sair de Nova York. Estabeleceu-se inicialmente em um sítio no Texas, em New Waverly, perto de Houston, onde plantou maconha. O empreendimento terminou quando a polícia apreendeu o produto; em seguida, em Algiers, nas redondezas de Nova Orleans, em um sítio descrito em *On the Road*. Novos problemas com a lei o fizeram mudar-se para o México. Hospedou os demais beats em todos esses lugares: Nova Orleans, Texas, Cidade do México, mais tarde em Tanger, Marrocos.

Em conexão com Burroughs, é necessário mencionar Joan Vollmer, amiga de Eddie Parker, personagem trágica da beat. Conheceu-o em 1944, grávida de outro homem; logo a seguir, casaram-se. Tiveram um filho. Joan tornou-se viciada em benzedrina, até, em estado de alucinação aguda, em 1947, ser a primeira mulher internada naquelas condições no manicômio de Bellevue. Sair de Nova York não impediu que piorasse. Em setembro de 1951, já no México, em uma reunião com amigos, Joan propôs a Burroughs, exímio atirador, uma brincadeira de Guilherme Tell: colocou um copo de vodca sobre a cabeça, para que ele o acertasse com um tiro. Mas o tiro acertou-lhe o meio da testa. Burroughs foi processado e condenado por homicídio culposo. Mais tarde, no prefácio a seu livro autobiográfico *Queer*, de 1985, e em outras ocasiões, declarou que a morte de Joan o fez tornar-se escritor, como exorcismo de algo sombrio que tentava controlá-lo. Já havia escrito *Junkie*, narrativa autobiográfica sobre a vida como viciado, publicada em 1953.[57] Mas a decisão de escrever para valer resultou na criação de *Almoço nu*, título sugerido por Kerouac, que colaborou na preparação. A obra foi escrita em Tanger, para onde se mudou depois de sair do México e passar pelo Peru, onde experimentou ayauasca (alucinógeno de uso ritual também conhecido como daime), resultando na sua parte em *Cartas do Yagé*[58], o já citado livro de cartas trocadas com Ginsberg (que iria mais tarde ao Peru, em busca da mesma experiência). Permaneceu em Tanger, drogando-se. Definhava: consta que passou um ano sem tomar banho. Foi a Londres em 1957, fez o tratamento de desintoxicação mencionado no prefácio de *Almoço nu*; retornou, recebeu as visitas de Kerouac, Ginsberg e Orlovsky, foi a Paris e terminou o livro.

Chegou a ser dito que a obra de Burroughs, a partir de *Almoço nu*, foi criada pelo método do *cut-up*, desenvolvido por Bryon Gyzin, artista plástico egresso do surrealismo a quem Burroughs conheceu em Tanger e reencontraria em Paris. De fato, trechos de *Almoço nu* foram remontados ou reorganizados de modo aleatório,

---

57. BURROUGHS, William. *Junkie*. Trad. Reinaldo Moraes. São Paulo: Brasiliense, 1984.

58. Ver nota 24.

com ajuda de Ginsberg e Kerouac. Mas, na verdade, além de *Minutes to go* apenas *The Soft Machine* (*A máquina mole*), daquele período, e *The Ticket that Exploded* (*O bilhete que explodiu*) foram inteiramente criados desse modo. A leitura de obras publicadas mais tarde, como *Cities of the Red Night* (*Cidades da noite vermelha*), de 1981, que correspondeu a uma espécie de retorno literário, ou o pseudofaroeste *The Western Lands*, de 1987, mostra que ele não precisava do *cut-up*: a narrativa já saía não-linear e não-discursiva.

Em meados de 1944, Ginsberg e Kerouac resolveram fazer uma "visita formal" a Burroughs. O relato dessa visita costuma vir acompanhado por uma bibliografia, como neste testemunho de Ginsberg[59]:

> Assim, Jack e eu fizemos uma visita formal a Bill, e eu lembro que ele tinha exemplares de *A Vision* [*Uma visão*][60] de Yeats, que Lucien costumava levar consigo. Shakespeare, Kafka: *O castelo* ou *O processo*, acho que *O castelo*; *Science and Sanity* [*Ciência e sanidade*], de Korzybski, *A decadência do ocidente*, de Spengler, Blake, um exemplar de Hart Crane que ele me deu e que ainda tenho, Rimbaud, *Ópio*, de Cocteau. Assim, esses eram os livros que ele estava lendo, e eu não havia lido nenhum deles. E ele os emprestou para nós.

Esses autores eram assunto. Conforme Carr: "*Bill Burroughs me disse que se você estiver amaldiçoado pela literatura, que é a maior maldição da humanidade, então*

---

59. No já citado *Jack's Book: An Oral Biography*, de Gifford e Lee.
60. Vão em português os títulos de livros disponíveis no Brasil; os outros, como citados por Ginsberg.

você deveria ler Spengler, Korzybski e Pareto.[61] E, no relato de Ginsberg: *E assim, tivemos uma prolongada conversa com Burroughs, provavelmente sobre Spengler e Korzybski. Ele argumentava que palavras não eram as coisas que elas representavam, não eram idênticas....*

Havia mais na estante de Burroughs, citado em obras que tratam do período: Rimbaud, é claro, e Baudelaire; o prosador Louis-Ferdinand Céline e o poeta Saint-John Perse; William Blake; Vladimir Nabokov, Djuna Barnes, Herman Melville. Novelas de detetive como as de Raymond Chandler, livros de ioga, psicanálise, hipnoanálise, boxe, jiu-jitsu, jogos de cartas.[62]

Essa aparente acumulação de particulares, de informação específica, compunha uma investigação sobre a decadência da civilização (Spengler, Céline), a alteração da sensibilidade e da consciência pelas drogas (Baudelaire, Cocteau), a desconstrução e recriação da linguagem (Rimbaud, Saint-John Perse), a realidade como absurdo (Kafka), as conexões entre literatura e crime (Genet, os autores do gênero policial), o inconsciente (da psicanálise aos místicos e doutrinas esotéricas).

A Semântica Geral de Korzybski, à semelhança de outras teses vindas da antropologia para a lingüística, como a de Whorf-Sapir, entendia a linguagem não como reflexo da realidade, mas, ao contrário, como algo que cria a realidade, ao produzir consciência e cultura. Korzybski chegou a desenvolver procedimentos de psicoterapia partindo do pressuposto de que distúrbios mentais eram modos incorretos de uso da linguagem.

---

61. Também de *Jack's Book*.

62. As fontes para esta enumeração de autores são, entre outras, a biografia de Burroughs por Ted Morgan, *Literary Oulaw*; a de Ginsberg por Barry Miles, e o depoimento de Ginsberg em *Jack's Book*, de Gifford e Lee.

Ao adotar esse relativismo, Burroughs o converteu em niilismo: categorias como bem e mal, verdadeiro e falso, belo e feio e a própria noção de realidade são reduzidas a entidades exclusivamente lingüísticas, despidas de valor na falta de suporte em um mundo exterior à linguagem. Ao longo da década de 1950, radicalizou essa perspectiva anti-aristotélica, até transformá-la em cosmovisão assemelhada a religiões estranhas, como o gnosticismo, e a narrativas de horror. Nelas, tudo o que enxergamos ou interpretamos como realidade seria virtual, alucinação produzida e administrada por meio da linguagem, a partir de uma sinistra dimensão paralela dominada por algo tenebroso e incognoscível.

A idéia da autonomia da linguagem, já presente em filosofias pessimistas como a de Schopenhauer, em doutrinas orientais e em poéticas como a de Mallarmé, teve em Burroughs uma de suas grandes expressões. Se a palavra, mediação entre o sujeito e a realidade externa, não é um instrumento do conhecimento, mas uma barreira, um obstáculo interposto entre o ser humano e o mundo, então a tarefa do criador literário é promover seu desmanche; é destruí-la para chegar a algo menos ilusório. Daí seus procedimentos como o *cut-up*, o recorte e a remontagem de trechos de textos, e suas célebres declarações sobre a linguagem como "vírus".[63]

Se a beat teve Ginsberg e Kerouac como porta-vozes, teve Burroughs como orientador. Nessa primeira fase nova-iorquina, antes de mudar-se para o Texas em 1947, chegou a promover sessões de psicanálise com Ginsberg e Kerouac. Depois, continuou a opinar e a aconselhá-los por carta. Recomendou a Ginsberg que se assumisse como

---

63. Em seu livro de entrevistas, *The Job*, em suas participações em espetáculos e no filme de Laurie Anderson etc.

homossexual; criticou seus tratamentos psicanalíticos e as relações heterossexuais após o internamento em 1949. Insistiu com Kerouac para que se desligasse da mãe, argumentando (acertadamente) que sua tendência regressiva o levaria à destruição.

O círculo de amizades ainda contou com mulheres: Eddie Parker, a amiga de Carr cujo apartamento foi um ponto de encontro; e Joan Vollmer. E, através de Burroughs, com delinqüentes como Herbert Huncke e Bill Garver.

Huncke, nascido em 1925 em Chicago, morreu em 1996. Figura estranha (basta ver suas fotos), celebrizou-se como personagem e fonte de depoimentos. Viciado, traficante e ladrão, além de homossexual, vinha da classe média, mas de uma família desestruturada; migrou para Nova York e o submundo da Times Square na adolescência. Queria ser escritor. Além de ocupar-se com crimes e contravenções, trabalhou na Marinha Mercante durante a Segunda Guerra Mundial e colaborou com Alfred Kinsey, o estudioso da vida sexual norte-americana, dando entrevista e recrutando outros entrevistados. Foi quem apresentou Burroughs à morfina e à heroína e Joan Vollmer às anfetaminas; colaborou na plantação de maconha no Texas; provocou a detenção e o internamento de Ginsberg em 1949. Por tudo isso, é personagem recorrente: em *Junkie* de Burroughs, *Uivo e outros poemas* de Ginsberg, *Go* de Clellon Holmes, e narrativas de Kerouac: Elmo Hassel de *On the Road – Pé na estrada*, Huck em *Livro dos sonhos* e *Visions of Cody*. Publicou o relato *The Evening Sun Turned Crimson* (*O sol do anoitecer tornou-se escarlate*), de 1980, e sua autobiografia, *Guilty of Everything* (*Culpado de tudo*), de 1990.

Outros se juntaram a esse núcleo inicial da beat. Hal Chase e Neal Cassady; em 1948, John Clellon Holmes. E ainda viriam Carl Solomon e Gregory Corso.

Nascido em Massachusetts em 1926, John Clellon Holmes morreu em 1988. Foi professor de literatura em universidades. *Go* foi escrito durante os acontecimentos de 1948, simultaneamente a *Cidade pequena, cidade grande*, de Kerouac. Holmes sempre se manifestou a favor de Ginsberg e Kerouac, e *Go* é tratado com respeito por Ann Charters e outros especialistas. Mas a classificação como *beat novel*, narrativa beat, é discutível. Relato neutro, linear, sem a mística do submundo de Kerouac e Ginsberg, sua leitura pode ser um exercício de voyeurismo, um olhar sobre o que faziam os beats. Mas, para esse propósito, servem mais as boas biografias de Charters, Nicosia e Buin sobre Kerouac, de Miles sobre Ginsberg, de Morgan sobre Burroughs, com a vantagem adicional da plena fidelidade aos fatos.

3
VISÕES E PRISÕES

Naquele 1944 nova-iorquino, Ginsberg, Burroughs, Kerouac e Carr haviam resolvido desenvolver o que denominaram Nova Visão. Suas principais fontes: a vidência como resultado do desregramento dos sentidos em Rimbaud; o misticismo visionário de William Blake, mais aquele de Yeats, especialmente em *A Vision*, o complexo tratado ditado por sua mulher em transe, em 1915.[64]

Tal busca prosseguiu nos anos seguintes, apesar do afastamento de Carr, por haver cometido um assassinato em setembro de 1944: esfaqueou David Kammerer, homossexual amigo de Burroughs que o assediava desde a adolescência e o seguia onde fosse. O escândalo, noticiado na imprensa, envolveu Kerouac, que o havia ajudado a esconder-se e jogar fora a faca, e Burroughs, ambos detidos por cumplicidade e por ocultarem provas. Burroughs saiu sob fiança. Já o pai de Kerouac se recusou a pagá-la; acabou solto pela intervenção da família de Eddie Parker, desde que se casasse com ela. Condenado (cumpriu dois anos antes da condicional), Carr desligou-se do grupo e pediu para que seu nome não fosse citado, mas continuou a corresponder-se com Ginsberg. Trabalhando na United Press, forneceu a Kerouac os famosos rolos de papel para telex nos quais foi escrito *On the Road* sem precisar trocar páginas na máquina de escrever.

---

64. YEATS, William Butler. *A Vision*. Papermac, 1989.

Somado às leituras, outro vetor da Nova Visão foram as drogas, encaradas como meios para alterar a consciência. Além da morfina e da heroína, estimulantes como a benzedrina ou a anfetamina, das quais Joan se tornou dependente até, alucinada, ouvir vozes. Logo viriam alucinógenos: maconha e haxixe, a psilocibina dos cogumelos, a mescalina dos cactos, que depois seria valorizada pelo sucesso de *As portas da percepção*, de Aldous Huxley, e uma variedade de preparados químicos ou extratos de substâncias da natureza. De quebra, tranqüilizantes como o nembutal e o farto consumo de bebidas.

Daí podiam resultar noitadas de excitação, consumidas na discussão de temas literários e filosóficos ou escrevendo sem parar. As aventuras e peripécias dessas pessoas nesse ambiente, ao som da revolução musical promovida pelo jazz bop, estão em *Uivo e outros poemas*, de Ginsberg, e nos relatos baseados em acontecimentos e personagens reais de Holmes, Burroughs e, principalmente, Kerouac. E, mais tarde, nos estudos biográficos.

O paroxismo da experimentação é sintetizado em trechos de "Uivo" sobre os que se tornaram *intelectos inteiros regurgitados em recordação total com os olhos brilhando por sete dias e noites*. Correspondem a cenas reais, como esta[65]: ao entrar no apartamento de Hal Chase, em 1947, Kerouac encontra Joan inteiramente nua, fora de si, acusando-o aos gritos, sem reconhecê-lo, de querer estuprá-la, enquanto Huncke, entorpecido, incapaz de sair da cama, resmungava que não podia fazer mais nada; ao mesmo tempo, sem se abalar com o caos, Ginsberg, igualmente sob efeito de anfetamina, datilografava um interminável poema épico sobre a morte e a violência.

---

65. Relatada em *Visions of Cody*, de Kerouac, também citada por Miles.

No dia seguinte, Joan seria internada em Bellevue; dois dias depois, Huncke iria preso por posse de drogas, e o apartamento seria fechado.

Desregramento em simbiose com a criação artística e literária não é novidade, historicamente. E, na presente altura dos acontecimentos, muita gente, se não as presenciou, ao menos soube de cenas como esta, relatada por Herbert Gold[66], colega de Ginsberg em Columbia e autor de um livro sobre a vida boêmia, da visita dele e da sua mulher, recém-casados, ao apartamento de Ginsberg no Harlem em 1948: colchões no chão, caixotes como mesas e estantes, energia elétrica através da gambiarra no soquete da lâmpada do corredor do prédio, Gold e a mulher constrangidos, casal burguês no meio da fauna; Ginsberg, exaltado, para mostrar o destino de sua próxima viagem de navio atirou um copo de vinho no mapa pregado à parede, os cacos e gotas que respingaram no vestido da mulher de Gold fizeram o casal dar por encerrada a visita.

Cena familiar, sim – mas depois de 1968. Duas décadas antes, era um modo de vida realmente alternativo. Intrincadas redes de relações entre pessoas do mesmo grupo; sessões de intoxicação com gente a deblaterar noite afora, fascinada por suas idéias; alguém saindo por aí sem roupa, presa do delírio; os que entraram em surto depois de tomar alucinógenos; suicidas e vítimas de acidentes nessas situações; prisões e internações completando-as; e ainda os que empreenderam viagens com destino incerto, para se perder em selvas e desertos[67], ou no submundo

---

66. Em *The Beat Vision*, Paragon House Publishers, 1987, editado por Arthur e Kit Knight.

67. Paul Bowles, extraordinário prosador, tem participação apenas lateral na beat, pela amizade com Burroughs em Tanger, nos anos 1950; mas é exemplar seu relato, em *O céu que nos protege* (depois filmado por Bertolucci), da mulher que some nos desertos africanos.

metropolitano de outros países: essa crônica contemporânea tem sua gênese nos perseguidores da Nova Visão.

Distinguiram-se não só pela intensidade, mas pela voltagem literária. Projetaram em seu comportamento os autores que liam: ao viajar, podiam ser Rimbaud ou Herman Melville; transitando pelo submundo, realizavam Dostoiévski, Genet ou Hart Crane; fazendo um discurso profético, encarnavam Whitman; ao terem visões, eram Blake, Yeats ou Böhme; sob alucinógenos, reviviam De Quincey, Baudelaire, Michaux; internados, faziam parte, a exemplo de Artaud, da confraria dos escritores loucos; ao relatarem tudo isso, traduziam a seu modo Dostoiévski, Proust, Gertrude Stein e Thomas Wolfe.

Onde o escritor realista supõe a distinção entre dois mundos, o da realidade e aquele da literatura que, mimeticamente, a descreveria, e o escritor formalista não vê interesse em examinar relações entre o mundo autônomo dos signos e a vida, o escritor visionário confunde os dois planos. Os beats chegaram a ser acusados de iletrados. Na verdade, são um exemplo de crença extrema na literatura, atribuindo-lhe valor mágico, como modelo de vida e fonte de acontecimentos.

A relação com seu tempo lhes conferiu sentido político. Contribuíram, ao se converterem em expressão de um movimento geracional, para uma abertura, um grau maior de tolerância com a diferença e a exceção, que, ainda hoje, não pode deixar de ser valorizada. Sua absorção de informação nova, não-institucionalizada, enfrentou um ambiente acanhado, quase intocado pelas revoluções modernistas e vanguardistas; tanto assim que inovadores como Pound, o Eliot de primeira fase e Gertrude Stein haviam se instalado na Europa, e um poeta da estatura de William Carlos Williams era ignorado em sua terra. Como observaria Ginsberg mais tarde[68], Williams morava a vinte quilômetros de Columbia, e nunca havia sido chamado para dar uma conferência lá. Além disso, comentou, não liam William Blake nem qualquer outro dos autores visionários da tradição romântica: seguiam o formalismo de Pope e Driden. Não se falava em Whitman; menos ainda em Hart Crane. Sabiam que Pound era importante, mas sem conseguir explicar os motivos.

Em função daquilo que os beats, ou alguns deles, representaram na relação entre drogas e criação artística, cabem observações adicionais sobre o assunto. Principalmente, para evitar toda sorte de simplificações, desde sua condenação como difusores de uma cultura da droga até a adesão a essa cultura justificada pela beat.

Alucinógenos, estimulantes e tranqüilizantes acompanharam a humanidade ao longo dos tempos; em sociedades arcaicas, ligadas ao sagrado, ao ritual. É um equívoco achar que o hábito de tomá-las tenha se concentrado em um período recente. E a discussão sobre "drogas" precisa levar em conta que se trata de substâncias diferentes, com distintos efeitos e conseqüências[69] sobre pessoas que diferem umas das outras. Isso se torna evidente através do exame das biografias dos beats. Kerouac, em alguns momentos, foi um coquetel de tudo. Volumosos charros, charutões de maconha, chaves abrindo as portas do paraíso na chegada ao México em *On the Road: Pé na estrada*, anulando o calor, o cansaço, a sujeira. Mas não apreciava alucinógenos, e sua experiência com a psilocibina

---

68. Entre outros lugares, em seu depoimento para Fernanda Pivano na coletânea de traduções de seus poemas *Mantra del re di Maggio*, Mondadori, 1973.
69. O resumo de Eduardo Bueno que complementa a edição brasileira de *Cartas do Yage* é bem informativo.

oferecida por Timothy Leary foi traumática. Gregory Corso, por sua vez, foi mesmo um *junkie*, apreciador incondicional, sem culpa ou desconforto, daquilo de que pudesse servir-se (além de jogador compulsivo). Michael McClure publicou um livro intitulado *Peyote Poems*, homenageando os efeitos desse alucinógeno. Neal Cassady destruiu-se principalmente com anfetaminas. Burroughs foi um viciado de verdade, em heroína e morfina, além de tomar anfetamina e cocaína. Mas suas descrições do mundo dos drogados, em *Junkie* e no prefácio de *Almoço nu*, o retratam como inferno. Após tratar-se em Londres, em 1958, teria recaídas.[70] Nenhuma revelação ou êxtase naquelas experiências: é um cético, e suas descrições são analíticas.

Já Ginsberg, místico, buscou a transcendência através de alucinógenos. Seriam um caminho para descobrir o que há do lado de lá, para além da morte: seus poemas sob efeito dessas substâncias relatam experiências místicas. Também foram pretexto para ocasiões festivas. Seu messianismo extravasou em estados de euforia durante a ingestão de psilocibina com Timothy Leary, em 1960. Em seu proselitismo em favor dos alucinógenos, telefonava para Kerouac, tirando-o da cama e do torpor alcoólico para anunciar a revolução mundial. Nos dias seguintes, para chegar a essa sincronia global, foi entregando pílulas de psilocibina a uma variedade de pessoas, do poeta Robert Lowell ao jazzista Thelonius Monk[71], a preceder o que, depois, tanto Leary quanto o escritor Ken Kesey fariam ao promoverem distribuições de LSD.

---

70. Conforme sua biografia por Ted Morgan.

71. Além de músico extraordinário, Monk tinha senso de humor, a julgar por comentários registrados por Miles. Depois da psilocibina: *Bem, tomei, mas você não tem nada mais forte?* (*Well, I took'em, but ain't you got nothin' stronger?*)

Ginsberg politizou os alucinógenos. Chegou a recomendar sua distribuição maciça como meio de pacificar a humanidade. Mais tarde, reconheceria a ingenuidade da proposta (desmentida pelos fatos: no Vietnã, soldados norte-americanos drogaram-se para suportar a guerra). Há maior interesse em suas análises críticas do assunto. Jamais achou que algo benéfico pudesse vir da cocaína. Conforme suas palestras publicadas em *Allen Verbatim*[72], caracterizou o tráfico de drogas como *flagelo urbano* e argumentou tratar-se de resultado da proibição que, invariavelmente, conduzia à colaboração entre policiais e crime organizado, além de desviar recursos do que realmente interessaria, pesquisas e políticas de saúde pública em favor de viciados, obrigando-os a ter traficantes como únicos interlocutores. O mesmo argumento foi resumido por Burroughs em seu prefácio para *Almoço nu*, na metáfora dos agentes norte-americanos de combate à aftosa que, debelada no México, comentam que há notícias de um novo surto mais ao sul, olhando esperançosos para o horizonte. Ginsberg também denunciou o apoio da CIA a mandatários do Laos, transportando-lhes ópio em troca de ajuda no combate vietnamita[73]: isso provocou uma comissão parlamentar de inquérito em 1973 e a melhora na fiscalização dos órgãos de segurança norte-americanos.

Quanto à relação de drogas com a criação literária, se Henri Michaux (especialmente apreciado por Ginsberg, que o procurou em Paris) escreveu e desenhou magistralmente sob efeito da mescalina, isso não significa que alguém, por tomar quantidades equivalentes de mescalina, vá escrever e desenhar como Michaux.

---

72. BALL, Gordon. *Allen Verbatim – Lectures on Poetry, Politics and Consciousness by Allen Ginsberg.* Nova York: McGraw-Hill Paperbacks, 1974.

73. Também em *Allen Verbatim.*

O mergulho no underground não significou um corte absoluto de Ginsberg e Kerouac com a vida acadêmica. Columbia era uma universidade de primeira linha, especialmente em literatura. Entre seus professores, intelectuais importantes. Conversavam com Lionell Trilling, crítico influente que depois rejeitaria a poesia beat, e com Mark van Doren, também poeta e crítico: ambos intercederiam em favor de Ginsberg quando de sua detenção em 1949.

Outro dos professores em Columbia a quem conheceram foi Raymond Weaver, estudioso de Herman Melville, descobridor do manuscrito inédito de *Billy Budd*.[74] Weaver recomendou-lhes leituras. Entre outras, relatou Ginsberg, *os textos gnósticos antigos*. Esclareceu: Weaver era o *único gnóstico em Columbia. Quero dizer, alguém familiarizado com o Zen japonês e chinês e a tradição gnóstica ocidental e o gnosticismo de Melville e a tradição americana de transcendentalismo.*[75] Também Nicosia, o biógrafo de Kerouac, menciona a lista de leituras recomendadas por Weaver, e comenta que Ginsberg e Kerouac, excitaram-se *ao descobrir essa contrapartida ocidental do budismo oriental (tendo lido algo sobre budismo em Spengler).*

O gnosticismo, doutrina religiosa heterodoxa, sincrética e dualista da Antigüidade tardia, da qual o maniqueísmo e os cátaros provençais da Idade Média (exterminados por uma sanguinolenta cruzada no século XIII) foram variantes ou extensões, teve Alexandria como pólo irradiador. Competiu diretamente com o cristianis-

---

74. As duas narrativas de maior fôlego de Melville, *Moby Dick* e *Pierre*, lançadas por volta de 1850, foram tão mal recebidas que o levaram a desistir de ser escritor profissional e a empregar-se como funcionário da alfândega; seu prestígio moderno foi impulsionado pelo trabalho de Weaver.

75. Em *Jack's Book*, de Gifford e Lee.

mo entre os séculos I e V d.C. Foi matriz do esoterismo e do misticismo na tradição ocidental, junto com o hermetismo de Alexandria e as doutrinas neoplatônicas, como a de Plotino.

Conforme a complexa mitologia gnóstica, o mundo teria sido criado pelo demiurgo, uma divindade obtusa e má, assistida por arcontes, arcanjos opressores, regentes dos planetas. Procedeu, assim, a uma revisão ou reversão do mito de criação exposto em *Gênesis*, demonizando Jeová. Outra diferença com relação à doutrina cristã e, em termos gerais, aos grandes monoteísmos: a salvação não é mais conseqüência das ações e da fé, mas do conhecimento, que possibilita transcender. Conhecimento é pessoal, da esfera da experiência individual, enquanto a observância de normas, distinguindo o pecado do que seria lícito, é coletiva. Daí o individualismo gnóstico, associado por Hans Jonas, seu importante estudioso, ao inconformismo: *Não-conformismo era quase um princípio da mente gnóstica, intimamente ligado à doutrina do "espírito" soberano como fonte de conhecimento direto e iluminação.*[76] Outro especialista, Layton[77], caracteriza gnose como *conhecimento não-discursivo*; portanto, afim à expressão poética e àquela dos místicos. Ligações entre poesia e gnosticismo já foram feitas por estudiosos do assunto, como Harold Bloom: *os mais ambiciosos poetas na tradição romântica ocidental, aqueles que fizeram uma religião de sua própria poesia, foram gnósticos, de Shelley e Victor Hugo até William Butler Yeats e Rainer Maria Rilke.*[78]

---

76. JONAS, Hans. *The Gnostic Religion: The Message of the Alien God and the Begginings of Christianity.* Beacon Press, 1963.
77. LAYTON, Bentley (org.). *As escrituras gnósticas.* Trad. Margarida Oliva. São Paulo: Edições Loyola, 2002.
78. BLOOM, Harold. *Genius – A Mosaic of one Hundred Exemplary creative minds.* Warner Books, 2002.

Ginsberg intitulou a seção inicial de *Allen Verbatim*, sobre expansão da consciência sob o prisma budista, de *"Gnostic" Consciousness*, consciência gnóstica. Associar gnosticismo e budismo não é incorreto: tanto é que Mircea Eliade, o grande historiador das religiões, fala em *gnose oriental* a propósito de budismo.

Em um dos seus poemas, "Plutonian Ode", de 1978, divindades gnósticas são apostrofadas. Quanto a Kerouac, pelo menos uma de suas narrativas, *Doctor Sax*, permite interpretação usando chaves do gnosticismo: dualista, retrata o combate entre um mago, cuja inspiração é Burroughs, e o mal, uma serpente. Como observou Tytell[79], em seu ensaio duplamente pioneiro, por reconhecer a amplitude da contribuição literária de Kerouac, Ginsberg e Burroughs e por associá-los ao gnosticismo já em 1976, precedendo o crescimento dos estudos sobre essa doutrina, *Doctor Sax* foi outra conseqüência das leituras gnósticas sugeridas por Weaver.

Dos integrantes da geração beat, pode ser considerada gnóstica a obra de Burroughs, pela visão, consistentemente negativa, não apenas da sociedade, mas do mundo. E por dizer acreditar, em *Almoço nu* e outras de suas narrativas, que vivemos em uma realidade controlada por entes sinistros, equivalentes aos arcontes gnósticos.

A ligação de autores beat ao gnosticismo pode acrescentar algo a sua compreensão. Uma de suas variantes, certamente minoritária, foi o gnosticismo licencioso. Há um mistério sobre essa corrente: tratava-se de libertinos desregrados, de praticantes do sexo ritual? A associação imediata do gnosticismo licencioso é ao tantrismo da Índia, no qual se pratica sexo ritual. Cabe a citação, para

---

79. Tytell, *Naked Angels*, já citado.

esclarecer, de adágios tântricos: *pelos mesmos atos que fazem queimar certos homens no Inferno por milhões de anos, o yogin obtém sua eterna salvação*; ou então: *aquele que sabe desse modo, qualquer pecado que ele pareça cometer, devora tudo e é puro, limpo, sem velhice, imortal.*[80] É a transgressão como prova de superação da contingência, do reino da necessidade. Tantrismo, por sua vez, viria a ser familiar a Ginsberg.

A religiosidade e o orientalismo de Ginsberg traduziram-se de muitos modos, através de repertórios nem sempre compatíveis. Ao apresentar-se, como nos episódios de 1968, como um adepto de Hare Krishna, ou ao praticar zen no Japão em companhia de Snyder (e de Orlovsky e da poeta Joanne Kyger, então casada com Snyder), Ginsberg buscava ser o outro, o não-ocidental, do mesmo modo como o fez ao procurar iluminações tomando ayauasca, daime, entre os índios peruanos. Mas sabe-se que, ao lado de um budismo ascético, também há, entre tibetanos e adeptos de outras origens, os *yogins* da "sabedoria selvagem". São os *mahasiddhas* da linhagem N'yingma que, isolados ou levando uma vida secular, mundana, embriagam-se, exibem a "loucura divina" e não praticam abstinência.[81] Um deles, Chögyam Trungpa, parceiro de Ginsberg na criação da Naropa School, por seu comportamento escandaloso e polêmico, atestou a continuidade das místicas do desregramento.

Essa concepção, presente em modalidades do gnosticismo e do tantrismo, do desregramento como caminho para a santidade, fundamentou a conduta dos

---

80. ELIADE, Mircea. *Le Yoga – Immortalité et liberté*. Paris: Petite Bibliothèque Payot, 1968.

81. Há outras fontes; mas retirei a informação do já citado *Ginsberg, a Biography* por Barry Miles.

que buscavam a Nova Visão. Mais ainda, pela sincronia com recomendações de poetas, como a de Rimbaud em sua *Carta do Vidente*: *O poeta torna-se vidente através de um longo, imenso e estudado desregramento de todos os sentidos*, após insistir que *é preciso ser vidente, tornar-se vidente*.[82] O preceito parece extensão de William Blake nos "Provérbios do Inferno" de *O casamento do céu e do inferno*: *O caminho do excesso leva ao palácio da sabedoria*, completada pela advertência contra a repressão: *Aquele que deseja e não age engendra a peste*; e pela crítica tão anarquista: *As masmorras são erguidas com as pedras da Lei; os bordéis, com os tijolos da Religião*.[83]

A polaridade traduzida por binômios como santidade e licenciosidade, ascese e desregramento: poderia ela ser tomada como um eixo central da beat? Nesses dualismos, gnósticos ou orientais, há um monismo de fundo: a busca da unidade, da superação de antinomias, contradições fundamentais, como aquela entre desejo, sonho, imaginação, de um lado, e realidade imediata, o mundo das coisas, de outro; entre subjetividade e objetividade. Certamente, foi esse o sentido, em Ginsberg, da alternância de poemas religiosos e de sexo explícito, das expressões da devoção e da devassidão, conforme já citado aqui. Em McClure, a sacralização do sexo é evidente; daí um de seus títulos ser *Ghost Tantras, Tantras fantasmas*; além disso, refere-se explicitamente ao gnosticismo.

Em Kerouac, são reiteradas a busca da santidade, da iluminação, e a sacralização dos marginais e excluídos. A

---

82. A *Carta do vidente* está em *Rimbaud no Brasil*, organizado por Carlos Lima. Comunicarte/UFRJ, 1993.

83. As citações são de: BLAKE, William. *O casamento do céu e do inferno e outros escritos*. Trad. Alberto Marsicano. Porto Alegre: L&PM Pocket, 2007.

imagem do vagabundo angelical e iluminado é partilhada por Ginsberg e Kerouac. Mas neste, por mais que se houvesse identificado com o budismo, especialmente de 1954 (com seu contato com Snyder) a 1958 (com a crise em seu período como guarda florestal, registrada parcialmente em *Viajante solitário*), a polaridade é católica, mais que budista. Lembra algo de Dostoiévski, com a idéia de uma culpa primordial, de expiação proporcional à transgressão, e o elogio dos extremos contraposto à mediocridade, como na sua citação do trecho do Apocalipse de João em *Os Irmão Karamazov*: *Eu sei as tuas obras, que não és frio nem quente: oxalá foras frio ou quente! Assim, porque és morno, e não és frio nem quente, vomitar-te-ei da minha boca.* Nos prefácios de *Diários* e *Cidade pequena, cidade grande*, Douglas Brinkley sublinha seu catolicismo: antes de pôr-se a escrever sua primeira narrativa publicada, acendia uma vela e rezava. A simpatia por marginais e pobres também pode ser catolicismo franciscano.

Alternâncias de miséria e êxtase, ou desregramento e beatitude, são perceptíveis em Corso, que também manteve sua fé católica. No modo mais pagão, faziam parte do repertório de Cassady. A mística da transgressão é adotada por McClure, que a evidencia através de suas interpretações de Blake. Em Snyder, porém em um modo contido, sem o mesmo culto ao desregramento. Já Ferlinghetti pouco teve a ver com esse quadro de referências. E em Burroughs, caso se pretenda identificar uma mística, esta seria a mística das trevas, configurada por seu niilismo.

Ajusta-se aos beats a caracterização como "gnósticos modernos" feita por Alexandrian, como os *que procuram os pontos de concordância de todas as religiões, que reivindicam uma moral anticonformista, uma tomada de consciência das instituições do pensamento mágico, enfim, todos os que propõem um método de salvação aos seres que se sentem "estrangeiros" neste mundo.*[84]

Experiências visionárias foram a confirmação da Nova Visão. Em Ginsberg, há relatos não só de criação visionária – como a alucinação que resultou na escrita da segunda parte de *Uivo*, sobre Moloch (via as feições do deus fenício na fachada de um prédio em San Francisco) –, mas de leitura visionária. Coincidentemente, de leitura de Blake, o poeta que conversava com profetas bíblicos e com seu irmão já falecido. E que exaltou a condição de místico vidente em poemas famosos:

> *Num grão de areia ver um mundo*
> *Na flor silvestre a celeste amplidão*
> *Segura o infinito em sua mão*
> *E a eternidade num segundo.*[85]

E na frase que se tornou uma epígrafe dos beats e de experiências com alucinógenos, depois de inspirar o título do famoso livro de Aldous Huxley, *As Portas da Percepção*: *Se as portas da percepção se desvelassem, cada coisa apareceria ao homem como é, infinita. Pois o homem se enclausurou a tal ponto que apenas consegue enxergar através das estreitas frestas de sua gruta.*[86]

---

84. ALEXANDRIAN. *História da Filosofia Oculta*. Trad. Carlos Jorge Figueiredo Jorge. Lisboa: Edições 70. O trecho de Alexandrian foi adotado por Roberto Piva como epígrafe do volume I da edição de suas obras reunidas.

85. BLAKE, William. *Escritos de William Blake*. Trad. Alberto Marsicano e Regina de Barros Carvalho. Porto Alegre: L&PM Editores, 1984.

86. Ver nota 83.

Ginsberg, por sua vez, teve o que denominou de *iluminação auditiva da voz de William Blake simultaneamente com a visão da eternidade*. Foi em 1948: ouviu uma voz, que seria a do próprio Blake, dizendo o poema que lia, "Ah! Girassol de Canções da Experiência", enquanto se masturbava distraidamente, acompanhada pela sensação de beatitude e uma percepção muito aguda da paisagem urbana vista da janela de seu apartamento no Harlem. Relata Miles:

> A voz era profética, suave. Não parecia vir da sua cabeça; de fato, parecia estar no quarto. [...] Repentinamente, teve uma compreensão profunda do sentido do poema e percebeu que ele era o girassol. Simultaneamente à visão auditiva veio uma percepção visual mais acentuada. [...] Em todo lugar, percebia a evidência de uma mão viva, até no arranjo dos tijolos, e estava consciente de que cada tijolo havia sido posto ali por alguém, que pessoas haviam construído toda a enorme cidade, colocando cada pedra e manufaturando cada cornija e moldura de janela.

O leitor de Blake reproduziu suas experiências visionárias enquanto o lia. Ginsberg também viu *o mundo num grão de areia*: nos tijolos, cornijas e molduras de janelas. Alucinações auditivas e visão acentuada prosseguiram durante a leitura de "A Rosa Doente" e "A Menina Perdida", também de *Canções da Experiência*.[87] Desde aquele momento, Ginsberg procuraria reviver a experiência, o que só viria a ocorrer na Índia.

---

87. Os três poemas de Blake podem ser encontrados nas traduções por Marsicano ou em: BLAKE, William. *Canções da inocência e da experiência*. Trad. Mário Alves Coutinho e Leonardo Gonçalves. Belo Horizonte: Crisálida, 2005, entre outros lugares.

O detalhe: na *iluminação de Blake*, Ginsberg *masturbava-se distraidamente* enquanto lia *Canções da Experiência*. Mesma alternância do "alto" e do "baixo", do sublime e do obsceno, que se observa em seus poemas, inclusive no vocabulário, alternando baixo calão e termos religiosos. Mesma busca de superação das antinomias, bem gnóstica no misticismo transgressivo, na religiosidade heterodoxa e pessoal.

Outro episódio marcante no ciclo beat de Nova York na década de 1940 foi a detenção de Ginsberg em abril de 1949 e seu subseqüente internamento por oito meses, a partir de junho, no Instituto Psiquiátrico Presbiteriano de Nova York. Equivaleu a uma descida iniciática aos infernos.

Interná-lo foi um expediente, por intercessão de professores de Columbia, como Trilling e Van Doren, para evitar que fosse condenado à prisão. Naquela altura, Ginsberg efetivamente estava em crise, resultado de excessos nos quatro anos precedentes. Agia como um zumbi. Sem controlar a situação, deixou que Huncke, recém-saído da cadeia, e dois comparsas, Vicky Russell e Little Jack Melody, se instalassem em seu apartamento, transformando-o em depósito de furtos. A descoberta da correspondência de Ginsberg e seus amigos no sítio de Burroughs no Texas, que acabava de receber uma batida policial, por sua plantação de maconha e a tentativa de vendê-la em Nova York, os colocava em risco. Ao tentarem se livrar de objetos furtados e documentos comprometedores, em um carro também roubado, capotaram ao fugir de uma viatura de polícia. Escaparam a pé, mas os papéis largados no carro possibilitaram aos policiais chegar a seu apartamento na mesma noite.

E assim Ginsberg conheceu Carl Solomon: no hospício.

Nascido em 1928 em Nova York, Carl Solomon, menino-prodígio, entrou na universidade, o City College, aos quinze anos; aos dezessete, ingressou na Marinha, viajou até a França, onde militou no Partido Comunista, viveu com uma prostituta em Pigalle e assistiu a uma das últimas performances de Antonin Artaud, cuja obra já conhecia, declamando seu "Ci gît", Aqui jaz. *Mishaps, Perhaps*, (*De repente, acidentes*)[88], revela um escritor de qualidade por seus irônicos depoimentos, amostras de literatura do absurdo, independentemente da importância no contexto beat.

Ao se verem pela primeira vez, apresentaram-se como personagens de Dostoiévski: "Quem é você?", "Eu sou Michkine" (Ginsberg); "Eu sou Kirilov" (Solomon).[89] Trechos de "Uivo" de Ginsberg se referem a façanhas reais de Solomon: *que jogaram salada de batata em conferencistas da Universidade de Nova York sobre Dadaísmo e em seguida se apresentaram nos degraus de granito do manicômio com cabeças raspadas e fala de arlequim sobre suicídio, exigindo lobotomia imediata*. E ainda, *que num protesto sem humor viraram apenas uma mesa simbólica de pingue-pongue, mergulhando logo a seguir na catatonia*. E também *que se refugiaram em quartos de paredes de pintura descascada em roupa de baixo queimando seu dinheiro em cestos de papel, escutando o Terror através da parede*.

Solomon realmente fez isso. A incineração de dinheiro como protesto contra o capitalismo, mais tarde, precedendo sua segunda internação, em Pilgrim State,

---

88. SOLOMON, Carl. *De repente, acidentes*. Trad. José Thomáz Brum. Porto Alegre: L&PM Pocket, 2000.
89. Personagens respectivamente de *O idiota* e *Os demônios*.

que inspirou a escrita de "Uivo". A salada de batata, em companhia de dois amigos: uma conferência no Brooklyn College sobre *Mallarmé e a Alienação* – classificou o gesto como dadaísta. Em seguida, ao completar 21 anos, apresentou-se no Instituto Psiquiátrico, exigindo internação e lobotomia (que não lhe foi concedida; proporcionaram-lhe dezenas de sessões de insulina). A virada de mesa de pingue-pongue, no Instituto Psiquiátrico: *um acesso de raiva antiautoritária.*

Uma relação ambivalente, de Solomon com a beat e com Ginsberg. Saindo do hospício, foi trabalhar na Ace Books e possibilitou a publicação do *Junkie* de Burroughs. Mas acusou Ginsberg de, em "Uivo", apresentar *a mentira como verdade e o delírio como senso comum.*

Ir parar em um hospício permitiu a Ginsberg passar para o outro lado, conhecer mais do mundo hospitalar, do qual já sabia por acompanhar os infortúnios de sua mãe. Contudo, a detenção, a internação e a conseqüente atenção que lhe dedicaram psiquiatras e psicanalistas determinaram um recesso. Ao sair do Instituto Psiquiátrico, foi morar em Paterson com o pai e sua nova mulher. Voltar a Paterson permitiu-lhe, já em 1950, conhecer William Carlos Williams. Mas continuou a circular por Nova York, o que lhe possibilitou abordar, em um bar de lésbicas, o Poney Stable Bar, um rapaz que escrevia poesia em uma das mesas: Gregory Corso.

Nascido em Nova York a 26 de março de 1930, Nunzio Corso (alcunhou-se Gregory) morreu em janeiro de 2001. A mãe era italiana; o pai, filho de imigrantes; chegou a residir na Itália por períodos prolongados: foi enterrado em Roma, ao lado do túmulo de Shelley. O que lhe ocorreu durante a infância e a juventude é triste. Recém-nascido, a mãe o deixou – fugiu, por não agüentar o marido, um jovem brutamontes. Corso iria reencontrá-la – isso parece um relato folhetinesco – no final da década de 1990, vivendo em Nova Jersey (depois de procurar seu túmulo na Itália). Passou a infância entre fugas da casa paterna e lares de adoção. Estudou, teve formação católica, foi coroinha, mas seu destino estava nas ruas. Aos treze anos, por um furto, acabou indo preso entre adultos, criminosos violentos, na prisão de Tombs; aos dezesseis, por causa de outro furto, o esqueceram no presídio de segurança máxima de Clinton. Lá havia biblioteca; leituras despertaram sua vocação para a poesia. Saiu em 1949. A leitura o desviou de uma carreira como bandido – desde o presídio de Clinton, era protegido por mafiosos. Em suas palavras: *Um velho me passou* Karamazov, Os miseráveis, O vermelho e o negro, *e assim aprendi, e me tornei livre para pensar e sentir e escrever.* Saiu da cadeia *enamorado por Chatterton, Marlowe e Shelley.*[90]

Seu talento não foi reconhecido apenas por Ginsberg e pelas freqüentadoras do Poney Stable Bar, que o sustentavam como se fosse um poeta residente. A estréia em livro em 1955, com *Lady Vestal*[91], foi subvencionada por alunos de Harvard, onde fez cursos de literatura. Não participou dos históricos eventos de San Francisco; chegou lá depois, em 1956; mas logo teria *Gasoline* publicado por Ferlinghetti, com prefácio de Ginsberg, tratando-o como *grande arremessador de palavras* e *provavelmente o melhor poeta da América.* A seguir, viria *The Happy Birthday of Death* (O feliz aniversário da morte). Reencontraria Ginsberg, Orlovsky, Burroughs, em Paris, no Beat Hotel. Sua poesia é onírica, surreal; nela confluem espontaneidade

---

90. As declarações estão em *The Beat Book*. Thomas Chatterton, poeta, um iniciador do romantismo inglês.
91. CORSO, Gregory. *Gasolina* & *Lady Vestal*. Trad. Ciro Barroso. Porto Alegre: L&PM, 1985.

e ironia, a ponto de seu ambivalente *Bomb* ser rejeitado algumas vezes, por entenderem como sendo a favor da explosão atômica, por referir-se a ela de modo amoroso. Mesmo depois de tornar-se famoso, foi um poeta e, ao mesmo tempo, um marginal. E continuou a professar o catolicismo. De sua complexa personalidade, um bom perfil é dado por Sam Kashner, no relato de seu estágio na Jack Kerouac School.[92]

À parte episódios como ter dormido com Ginsberg, os relacionamentos de Corso foram com mulheres. Um deles, em 1954, com uma garota de dezessete anos, Hope Savage, que o levou para Harvard, e que, por escrever poesia e proteger animais selvagens de caçadores, havia sido internada pela família e tratada com sessões de eletrochoque; em conseqüência, tornara-se frígida e não conseguia mais escrever poesia[93]. Certamente, conhecê-la inspirou a declaração de Corso, transcrita no já citado *Women of the Beat Generation*, sobre a participação de mulheres na beat:

> Houve mulheres, estiveram lá, eu as conheci, suas famílias as internaram, elas receberam choques elétricos. Nos anos de 1950, se você era homem, podia ser um rebelde, mas se fosse mulher, sua família mandava trancá-la. Houve casos, eu as conheci, algum dia alguém escreverá a respeito[94].

---

92. O já citado *Quando eu era o tal*.
93. Conforme mencionado em *Memory Babe*, de Nicosia.
94. A declaração de Corso abre o capítulo sobre a poeta Elise Cowen, que se relacionou com Ginsberg e Orlowsky, e, depois de ser internada pela família, suicidou-se em 1962.

4

VIAGENS E OUTRAS AVENTURAS

Ao chegar àquele grupo, no final de dezembro de 1946, Neal Cassady foi um catalisador. Quem o conhecia de Denver, Colorado, e o apresentou foi Hal Chase. Cassady queria ser escritor, conhecer outros escritores e matricular-se em Columbia. Mas deixou passar o prazo de inscrição na universidade.

Cassady, o personagem: Dean Moriarty de *On the Road – pé na estrada*, Cody Pomeray em *Visions of Cody*, *Os vagabundos iluminados*, *Big Sur*, *Desolation Angels* e *Livro de Sonhos*, Leroy em *Os subterrâneos*, Hart Kennedy em *Go*, de John Clellon Holmes. Mais tarde, Houlihan em duas narrativas de Ken Kesey, além de nomeado e idolatrado em uma quantidade de poemas de Ginsberg. Mas Holmes o viu sem o mesmo entusiasmo de Kerouac e Ginsberg: *Creio que Neal foi um psicopata no sentido tradicional e mais rigoroso do termo*, observou.[95] Burroughs tampouco o tolerava. Cassady não era unanimidade.

O grupo de adeptos da Nova Visão já era eclético: reunia desde renegados da elite e jovens da classe média até marginais de verdade. Mas Cassady acrescentou algo a essa composição. Sua mãe o deu à luz em um vagão de carga, em Salt Lake City, a 8 de fevereiro de 1926. Seu pai teve uma barbearia em Denver: abandonado pela espo-

---

95. Em um dos depoimentos do já citado *Jack's Book*, de Gifford e Lee.

sa, alcoólatra, tornou-se morador de rua ou de cortiços nos becos de Larimer Street. Nesse ambiente, Cassady se formou como delinqüente juvenil, com direito a reformatórios, como relatou em *The First Third* (*O primeiro terço*[96] – o título é porque seria a primeira de uma obra em três partes). Mas era leitor. Observa Buin: *Entre duas maluquices, entre dois serviços prestados a malfeitores, é visto nas bibliotecas devorando Shakespeare, Nietzsche, Proust, e exibe conhecimentos extensos.*[97] No posfácio de *O primeiro terço*, Carolyn Cassady: *Sua paixão constante dessa época* [entre 1948 e 1954, enquanto escrevia seu livro] *era* Em busca do tempo perdido, *de Marcel Proust.* Um volume amarrotado de Proust também é mencionado em *On the Road: Pé na estrada.*

Teria roubado quinhentos carros até os quinze anos de idade; sua primeira relação sexual, aos nove anos. É dele o testemunho:

> Roubei meu primeiro carro aos quatorze, em 1940; por 1947, abandonando esses excitantes prazeres da alma para celebrar o advento da idade adulta, eu já tinha estado ilegalmente de posse de uns quinhentos carros – seja só por alguns momentos, retornando ao seu dono o veículo antes de ele voltar (isto é, em um estacionamento), ou carregando-o com o propósito de alterar de tal modo sua aparência para ficar com ele algumas semanas, mas em geral só para andar um pouco nele por simples prazer.[98]

---

96. CASSADY, Neal. *O primeiro terço*. Trad. Mauro Sá Rego Costa. Porto Alegre: L&PM Pocket, 2007. A edição vem acrescida de documentos importantes, trechos de cartas e depoimentos.

97. No já citado *Kerouac*.

98. Em *O primeiro terço*.

Bons tempos... Seu modo de ganhar a vida em Nova York: manobrista em estacionamentos (mal sabiam os clientes). Depois, motorista alucinado, guiando e falando sem parar: viagens lendárias pela rapidez como aquela do Cadillac para Chicago de *On the Road – pé na estrada*; e, mais tarde, no ônibus hippie dos *Merry Pranksters* (algo como *brincalhões alegres*; *prankster* é quem prega peças), o grupo encabeçado por Ken Kesey de distribuidores de LSD, incluindo a banda The Grateful Dead, registrado por Tom Wolfe, criador do *New Journalism*, em *The Electric Cool-Aid Acid Test* (*O teste de ácido de refrigerante elétrico*).

Também trabalhou como frentista de posto de gasolina e vendedor de enciclopédias. Mas seus empregos mais regulares foram como guarda-freios em ferrovias. Em ocasiões, teve Kerouac como colega (mais sobre a vida ferroviária em *Viajante solitário*). Acabaria morrendo em uma ferrovia, caído junto aos trilhos em San Miguel de Allende, no México, a 3 de fevereiro de 1968, saindo de uma festa. Causa da morte: hipotermia, overdose de seconal em um organismo destruído por anfetaminas. Drogas já o haviam levado à cadeia: cumpriu pena em San Quentin em 1958, flagrado com uma pequena quantidade de maconha – o preço pago por ter-se celebrizado como o Dean Moriarty de *On the Road*. Um paradoxo para alguém que se havia livrado de tantas situações de maior risco.

A chegada do *Adonis de Denver*, como o alcunhou Ginsberg em "Uivo", correspondeu ao ingresso em outra escala da vida sexual. Na mesma noite, em janeiro de 1947, em que Cassady e Ginsberg se conheceram, tiveram relações. E juraram amor eterno. Com Kerouac, jurou amizade eterna. Até então, a vida sexual de Ginsberg havia sido intermitente. Pode-se dizer que passou a fazer sexo para valer durante os três meses dessa primeira estada de Neal em Nova York, mesmo partilhando-o com LuAnne Henderson, a garota de dezesseis anos com quem acabara de casar-se.

Cassady promoveu episódios dignos de qualquer coisa entre a literatura licenciosa, a comédia de costumes e o drama. Um dos mais típicos, o que Gifford e Lee denominaram de *quadrângulo sexual* na estada de Ginsberg em Denver, para reatar o relacionamento, em agosto de 1947, encontrando-o dessa vez com Carolyn, recém-formada em educação artística. O clímax: decidida a retornar à Califórnia, Carolyn passou pelo apartamento de Cassady para despedir-se, apenas para, ao abrir a porta, encontrá-lo deitado em companhia de LuAnne e de Ginsberg, um de cada lado da cama.

Carolyn ficou com Cassady até 1963, com rupturas e reconciliações, além do interregno de 1950, quando ele se casou com Diane Hansen, moça burguesa de Nova York. Levou-a ao México, grávida: esperou o filho nascer e imediatamente a deixou, voltando a viver com Carolyn em San Francisco: foi quando ambos se tornaram adeptos de Edgard Cayce, famoso médium e profeta, então já falecido.

Além de bissexual e polígamo, Cassady achava que seus amigos deveriam dormir com suas mulheres. Situações do gênero, como os triângulos envolvendo Kerouac e LuAnne (Cassady chegou a largá-los sem dinheiro em um hotel em San Francisco em 1948) e Kerouac com Carolyn, alimentaram biografias, crônicas, depoimentos e um filme.[99] E Carolyn publicou *Off the Road* (*Fora da estrada*)[100], de 1990, relatando sua versão daqueles episódios

---

99. *Heart Beat* (*Os beatniks*), de 1980, de John Byrum, com Nick Nolte, Sissy Spacek e John Heard.
100. CASSADY, Carolyn. *Off the Road*. Black Spring Press, 1990 ou Flamingo, 1991.

e polemizando com outras biografias (principalmente a de Kerouac por Nicosia).

Essa aventura sexual prosseguiria. Em 1954, Ginsberg, ao mudar-se para San Francisco após uma viagem ao México, teve um caso com Sheila Boucher, indo morar com ela. Cassady, tomado de desejo por Ginsberg, a quem rejeitara por várias vezes nos sete anos anteriores, seguiu-o até San Francisco. O desfecho foi uma relação a três, com noitadas que, admitiu Ginsberg, foram o máximo da devassidão a que chegou, e o fracasso da relação com Sheila.[101] Cassady foi morar com Natalie Jackson, amiga de Robert La Vigne, o pintor que apresentou Peter Orlovsky a Ginsberg. O caso com Natalie foi o mais desastroso. Terminaria com o suicídio dela, também relatado em *The Dharma Buns, Os vagabundos iluminados*, ao jogar-se do sexto andar, intoxicada de anfetamina, perturbada pelo golpe de dez mil dólares que ambos haviam aplicado em Carolyn, falsificando sua assinatura. Isso não impediu Cassady e Carolyn de, mais uma vez, se reconciliarem.

O desregramento, historicamente, nada apresenta de novo. Marcou a vida de artistas e escritores. A destruição dos limites entre pornografia e alta literatura já havia sido promovida por D.H. Lawrence, James Joyce e Henry Miller, cada qual a seu modo (todos pagando o preço da censura a suas obras). Mas nunca, antes, foi tão coletivo. A intrincada rede de relações corresponde a um grau de sexualização inédito no âmbito de um grupo ou movimento literário. Isso permite falar em revolução sexual. Ao integrarem desse modo o sexo à vida e à criação, contribuíram para a maior naturalidade no modo como é visto e vivido hoje. Ao transitarem com naturalidade do misticismo ao cinismo, do amor sublime ao deboche, é

---

101. Esses episódios estão na biografia por Miles.

como se promovessem a união de dois modelos do final do século XVIII: um deles, o do romantismo de Hölderlin e Novalis, do amor único e sublime; outro, aquele dos libertinos, do Marquês de Sade e Casanova.

Já foi mencionada aqui a orgia relatada por Diane di Prima em *Memoirs of a Beatnik*. Houve muito mais. Na prolongada relação de Ginsberg e Orlovsky, sessões a três, acompanhados por uma mulher, e orgias foram um padrão regular. Tais episódios não são apenas *petite histoire*, circunstancial. Correspondem ao pansexualismo, uma ideologia valorizando o sexo, atribuindo-lhe alcance político e peso ontológico. Estão ligados ao prestígio ganho na época pelas idéias de Wilhelm Reich sobre a existência de uma energia ao mesmo tempo sexual e cósmica, e sobre a relação entre autoritarismo e repressão sexual.

Independentemente do balanço de erros e acertos, Reich merece ser reconhecido pela contribuição ao promover a aceitação do corpo nas práticas terapêuticas e como militante e mártir da liberdade sexual. Esse dissidente à esquerda da psicanálise teve, nos anos 50, livros queimados publicamente, suas caixas de orgônio, acumuladores da energia ao mesmo tempo cósmica e sexual, apreendidas sob acusação de charlatanismo, e morreu na prisão. O cerco ao autor de *A função do orgasmo* e *A revolução sexual* foi determinado mais pelo moralismo repressor do que por incorreções da prática terapêutica. Ginsberg procurou Reich na primeira vez em que decidiu fazer análise. Kerouac comentou Reich em *Os subterrâneos*. E Burroughs teve um acumulador de orgônio em seu apartamento em Nova York e depois em Tanger.

A mística do sexo avançaria na década de 50, com sessões de tantrismo já sob orientação de Snyder. Confundia-se com seu oposto, a farra. Convidado por Harvard para dar oficinas literárias, em 1964, Ginsberg teve que deixar os alojamentos dessa universidade por promover orgias. Em carta a Robert Creeley, Ginsberg comentou que a temporada em Harvard havia sido ótima por assemelhar-se ao que ambos já haviam promovido em encontros sobre poesia na universidade de Vancouver, em meados de 1963. Em 1980, Ginsberg ainda provocaria espanto ao defender, em entrevista ao Washington Post, sexo com alunos de oficinas e cursos de poesia como modalidade de ensino: *acredito que o melhor ensino é feito na cama*, declarou, fazendo um paralelo com o simpósio socrático (e sua versão do *a poesia se faz na cama como o amor*, de Breton) e chegando a afirmar que tais práticas deviam ser institucionalmente encorajadas. Ao viajarem para Tanger ao encontro de Burroughs, em 1957, Ginsberg e Orlovsky resolveram fazer bastante sexo com ele, para consolá-lo de seus infortúnios.

Além de sexualizar relacionamentos e praticar o fluxo de consciência na expressão verbal, Cassady estimulou Ginsberg e Kerouac às viagens.

Viajantes, os beats sempre haviam sido, independentemente de Cassady. Entre a saída da universidade e o ingresso na Marinha, Kerouac circulou pelos Estados Unidos, tentando chegar ao Sul de carona para refazer trajetos de Thomas Wolfe. Burroughs em Nova York já havia retornado da Europa, e partiria para Louisiana e Texas em 1946; daí para o México, Tanger, Paris, a Inglaterra, onde residiu por muitos anos, alternando com estadas em Saint Louis. Amigos como Hal Chase e Henri Cru, outro que motivou Kerouac a partir, iam e vinham. Dos demais beats, Ferlinghetti viera da França para San Francisco. E Corso não parava, não tinha domicílio fixo.

Beats tinham a viagem no sangue. Tanto é que o primeiro grupo de Nova York se formou com gente que vinha de outro lugar: Carr, Burroughs, Kerouac, Eddie Parker, Huncke; o mais nova-iorquino era Ginsberg, pois Paterson e Newark eram região metropolitana. Dois nascidos em Nova York chegariam depois: Corso e Solomon; mas este, vindo da Europa. Sincronicamente, dos que se encontrariam em San Francisco, Ferlinghetti e Lamantia eram de Nova York. Dois ambientes literários que, ao se encontrarem, consolidam a beat: um deles, de Nova York, formado por gente que não era de Nova York; o outro de San Francisco, com integrantes vindos de outros lugares.

Em um dicionário de surrealismo, no verbete *promenade* (caminhada), há uma comparação: *Por qualquer nome que seja designada, a deambulação à procura do "maravilhoso", tal como foi praticada pelos surrealistas, não é, evidentemente, sua propriedade exclusiva. [...] A vagabundagem "beatnik" da qual Jack Kerouac se fez o apóstolo, não é uma tentativa de estendê-la sobre todo o globo?*[102] Sim: a *flânerie* baudelairiana, a caminhada ao acaso dos surrealistas e a errância beat são igualmente movidas pela disponibilidade, pelo deixar-se levar *pelo vento do eventual*, nas palavras de Breton.[103]

O ciclo de viagens de Kerouac entre 1947 e 1950, narrado em *On the Road – pé na estrada*, passou à história: a primeira, de ônibus até Chicago e, em seguidas caronas, algumas em pequenas etapas, até Denver[104], para encontrar Cassady e Ginsberg; de Denver a San Francisco,

---

102. BIRO, Adam (org.); PASSERON, René (org.). *Dictionnaire géneral du Surréalisme et de ses environs*. Lausanne: Office du Livre, 1982.

103. Em *La confession dédaigneuse*, texto de abertura de sua primeira coletânea de ensaios, *Les pas perdus*.

104. Para roteiros mais detalhados, a fonte mais acessível ao leitor brasileiro é o *Kerouac*, de Buin.

Califórnia, ao encontro de seu amigo Henry Cru; daí a Los Angeles e ao estágio colhendo algodão, de caso com a mexicana Bea Franco; de volta a Nova York; em 1948, reencontra Cassady, outra vez com LuAnne e com o casal Alan (colega de Cassady na ferrovia) e Helen Hinckle em Rocky Mount, Carolina do Norte (onde morava a irmã de Kerouac, Nin); de carro a Nova York, daí a Nova Orleans, ao encontro de Burroughs e Joan; em seguida, também de carro, pelo Texas, a San Francisco, quando Cassady abandonou LuAnne e Kerouac, que retornou sozinho de ônibus em um ziguezague até Nova York; em nova rodada, em 1949, de San Francisco a Denver de carro, e, em seguida, no Cadillac até Chicago em dezessete horas, liquidando com o veículo, e mais uma vez à casa da mãe em Ozone Park; finalmente, em 1950, no Ford 1937, ao México.

Obras "de estrada" originaram um estereótipo, do beat estradeiro e mochileiro. E realizaram uma profecia, aquela proclamada em *The Dharma Bums, Os Vagabundos Iluminados*, atribuída a Gary Snyder (Japhy Rider no livro):

> Pense na maravilhosa revolução mundial que vai acontecer quando o Oriente finalmente encontrar o Ocidente, e são caras como nós que podem dar início a essa coisa. Pense nos milhões de sujeitos espalhados pelo mundo com mochilas nas costas, percorrendo o interior e pedindo carona e mostrando o mundo como ele é de verdade para todas as pessoas. [...] eu quero que meus vagabundos do Darma carreguem a primavera no coração [...]

Pode-se rever ou enriquecer a profecia e o estereótipo, partindo de observações de Buin sobre *On the Road*:

De um ponto de vista factual, as viagens entre 1947 e 1950 são pouco consistentes. [...] suas viagens reais não são senão seleções de miniacontecimentos e manifestações de pouco risco. Não têm a envergadura das que serão empreendidas por Burroughs e Ginsberg, que aliarão deslocamento geográfico, sedentarização longe dos Estados Unidos e experiência interior. [...] Paradoxalmente, Kerouac se mexeu muito e viajou pouco.

E continuaria fazendo isso. Mais tarde, morando com a mãe, não conseguiam ficar no mesmo lugar; mudavam de cidade, movidos por uma constante insatisfação.

Além das viagens, é preciso examinar o que mais há na obra de Kerouac, o que lhe confere substância. Gifford e Lee acham que *On the Road* é muito mais sobre Cassady: *um retrato de Neal.* [...] *O melhor do livro é quando Neal está em cena e os dois estão juntos na estrada.* Há "mitografia", afirmam: em Denver, *os parceiros de salões de bilhar de Neal adquirem as qualidades dos companheiros do herói em uma antiga épica.*[105] E não só parceiros de bilhar, mas vagabundos nas estradas e vagões de trem e desconhecidos jazzistas negros, todos videntes, conhecedores de algum mistério, transmissores de mensagens cifradas. Sim: *On the Road* é obra épica, e o próprio Kerouac a designava como epopéia. Seu herói é Cassady: começa pela chegada de Dean Moriarty / Neal Cassady, que vai mudar a vida do narrador; termina com sua partida, com Sal Paradise / Kerouac olhando para oeste, olhando para o Oeste, para o anoitecer, sentindo saudades antecipadas enquanto pensa em Dean Moriarty. Olhando para um Oeste que não existia mais, para fronteiras há muito transpostas, em um passado irrecuperável. É interessante: nas mitologias

---

105. No já citado *Jack's Book*.

clássicas, os heróis sempre são destruídos por haverem ultrapassado limites; e isso pode ser associado ao fim precoce de Cassady, herói das narrativas de Kerouac, e do próprio Kerouac, herói da beat.

A literatura "de estrada" – *On the Road, Tristessa, The Dharma Bums, Big Sur, Desolation Angels, Lonesome Traveller* – corresponde a um dos aspectos da obra de Kerouac. Outro, os relatos evocativos da infância e juventude: *Doctor Sax, Maggie Cassidy, Visions of Gerard e Vanity of Duluoz*, além de *Cidade pequena, cidade grande*. Tais obras não revelam outro Kerouac. Apenas ampliam sua compreensão.

On the Road foi escrito em três semanas; e refeito em uma sucessão de copidesques para atender a editores. Mas, conforme bem exposto pelo organizador desta nova edição de *On the Road: o manuscrito original*, Howard Cunnell, a narrativa já vinha sendo escrita antes, conforme atestado por um conjunto de prototextos criados entre 1948 e 1950. Ou seja: Kerouac se pôs a viajar para realizar um projeto literário; escreveu sobre viagens, mas viajou impulsionado pela escrita, assim corroborando o que já foi observado aqui sobre a relação peculiar, não-aristotélica, entre a escrita e o mundo na literatura beat.

A comparação entre as duas versões mostra que *On the Road: o manuscrito original* é mais biográfico, sem o encobrimento dos nomes e personagens para evitar processos; e do sexo mais explícito, da referência ao que havia entre Neal Cassady e Allen Ginsberg, ou do relato de Neal fazendo sexo com outro homem na tentativa infrutífera de arrancar-lhe alguns trocados. Corresponde mais fielmente à poética do fluxo de consciência. Por outro lado, o interregno de 1951 a 1956 – quando Kerouac e a Viking Press, pela intercessão do importante crítico

Malcolm Cowley, finalmente se entenderam em matéria de edição e publicação – é aquele do seu maior envolvimento com budismo, através de leituras e do estágio com Gary Snyder. Foi quando escreveu *Scripture of the Golden Eternity* e *Some of the Dharma*, bem como o melhor de sua poesia; isso, além da vertiginosa produção de narrativas em prosa, incluindo o alegórico Doctor Sax, baseado em um sonho relatado em *On the Road*, e a obra-prima *Visions of Cody*, o mais oral e menos discursivo de seus relatos, que acabaria publicado postumamente. Por isso, há, no *On the Road* final, elaborações que o enriquecem: mais filosofia, mais reflexão, além das epifanias, das revelações suscitadas pelas pequenas coisas, por incidentes estranhos ou sem relevância aparente, assim caracterizando-o com maior clareza como *busca espiritual, busca religiosa*, os termos que Kerouac utilizava para designá-lo e ao restante de sua obra.

Corresponde ao melhor Kerouac, nos blocos de texto sem pontuação, nas palavras que vão sendo reduzidas a sons, nas colagens, nas 130 páginas de transcrição de fita gravada, na síntese do realismo com o fluxo de consciência.

Nem por isso falta vigor a *On the Road*. Basta abri-lo na parte 4, nos trechos 5 e 6, da ida ao México. Entrada no paraíso, trópicos que são, diz, Hong Kong ou a Polinésia, passando pelos *grandes e graves indígenas, a fonte básica da humanidade, os pais dela*; a descida de serra e a selva abafada, os insetos esborrachando-se no pára-brisas do carro até formarem uma crosta. O texto não descreve a velocidade dos viajantes: ele *tem* essa velocidade; é sua qualidade intrínseca. Não relata a alternância de lugares e situações; é feito de alternâncias.

Em *Os vagabundos iluminados*[106], escrito logo após o lançamento de *On the Road – pé na estrada*, mudou o estilo, com maior ênfase no relato dos acontecimentos e menos no fluxo de consciência. É atraente. Tem trechos antológicos, como a profecia da revolução de mochila às costas, a visita aos monges budistas bêbados, e a versão de Kerouac dos acontecimentos da Six Gallery. Já *Os subterrâneos*[107], é atípica por ser metropolitana, e não de viagem ou evocação; mas talvez seja sua obra mais beat. Primeiro lugar na escala da rapidez, o mais espontâneo de seus textos: escreveu-o *em três noites de lua cheia, em outubro de 1953*. São blocos misturando relatos de sua relação com Mardou Fox, das festas beat e da agitação da turma hipster que freqüentava o Fugazzi's em Nova York, evocação e reflexão, indo e vindo no tempo no mesmo longo parágrafo, trazendo para o papel o fluxo da consciência, a sucessão de imagens e idéias, o som e o ritmo da língua falada. Literatura orgânica, animada, um texto vivo e pulsante sobre a vida.

Ginsberg falou em *ioga da palavra* ao referir-se a essa fruição das palavras como ritmo e sonoridade, desligadas do sentido em sua poesia e prosa poética. Kerouac, afirmou, *foi aquele que repentinamente se tornou consciente do som da linguagem, e saiu nadando nos mares do som, e guiou seu intelecto pelo som, mais que por associações de dicionário com o significado dos sons.*[108] Trazia sua "pessoa" para o texto. Não só a mente pensante, mas a pessoa como totalidade: paixões, emoções, nervos e carne. Kerouac sabia disso. No começo de *Os subterrâneos*, ao falar de sua *egomania* como dificuldade para narrar (em uma narrativa

---

106. KEROUAC, Jack. *Os vagabundos iluminados*. Trad. Ana Ban. Porto Alegre, L&PM Pocket, 2004.

107. KEROUAC, Jack. *Os subterrâneos*. Trad. Paulo Henriques Britto. Porto Alegre: L&PM Pocket, 2006.

108. Também na coletânea já citada *Allen Verbatim*.

escrita em três noites), ironiza a idéia da literatura impessoal, derivada de Eliot e dominante entre formalistas. Por restaurar o sujeito, *Os subterrâneos* é um livro no qual está presente o erotismo. É coerente a homenagem a Wilhelm Reich e sua teoria do orgasmo.

Sua contribuição decisiva para recuperar o sujeito, a fala, a primeira pessoa na criação literária, teve reflexos no jornalismo participativo praticado, a partir dos anos 1960, por Tom Wolfe e Hunter Thompson. E na ficção e outros campos, valendo a lista de escritores, dramaturgos, cineastas e músicos mencionados por Eduardo Bueno no prefácio da edição brasileira de *On the Road*, que *pagam tributo à franqueza fluídica e generosa do católico louco e místico que viu a luz nos trilhos e trilhas da América.*

Kerouac escolheu os extremos: a agitação das noitadas boêmias, das festas beat que se estendiam por dias consecutivos, as viagens frenéticas, ou a reclusão. A fama, depois de 1957, o perturbou. Não se sentia ajustado à imagem de arauto beat. A vida de marginal inédito se adequava mais a ele: na condição de escritor famoso, era obrigado a conviver com uma sociedade com a qual pouco tinha a ver. A leitura de *Viajante solitário* é reveladora: o trecho de mais intenso lirismo é aquele em que é mais marginal, partindo de trem, indo embora, enquanto o casal de jovens mexicanos transa à beira da ferrovia.

Dois níveis de incompreensão o incomodavam. Um, a mitificação do viajante, esquecendo que, ao mesmo tempo, também escrevera a obra evocativa, além da poesia e textos budistas. Outro, da crítica: como *On the Road* teve uma acolhida triunfal e se tornou best-seller, críticos sentiram-se na obrigação de examinar os lançamentos seguintes com especial severidade. Estava entre dois fogos: a criação de um mito por alguns, a tentativa de destruição desse mito por outros.

Fascinado por Jack London e Melville, movia-o a atração pelo infinito. Queria outra realidade: mas, ao contrário de seus antecessores do século XIX, não a encontrou nas viagens. Não havia mais fronteiras do ignoto, paraísos a serem descobertos. Buscou o outro, mas acabava se defrontando com a máscara imutável do mesmo. As viagens não foram apenas erráticas: cada vez mais, eram fracassos; entre o que ele conta em *Viajante solitário* e o que realmente se passou a diferença é crescente – não agüentou o retiro na montanha, no Desolation Peak, que seria seu retiro monástico e budista; fugiu, e sua fuga marca o fim da fase budista. Também foram frustrantes as viagens à Europa. Claro, buscava algo impossível, o retorno à origem; não só a reconstituição da genealogia, mas uma restauração da estirpe: a recuperação do que perderam entre a suposta aristocracia medieval e a falência de seu pai? Foi um romântico extremado; sua vida, um percurso em busca de uma ética da pureza, da ressurreição de personagens queridos, da recuperação do tempo perdido, da infância idílica, da inocência original.

As viagens de Kerouac tiveram o sentido oposto daquelas de Ginsberg. O provinciano e o cosmopolita. Ginsberg, em Paris em 1958, com Corso, Orlovsky e Burroughs, instalados no Beat Hotel, um pardieiro na rua Gît le Coeur, Rive Gauche.[109] Foram reencontrar as vanguardas, manifestações históricas do novo. Na prolongada viagem de Ginsberg, durante a qual morou por mais de um ano na Índia, partindo em março de 1961 para retornar aos Estados Unidos em agosto de 1963, ao aproximar-se das tradições mais arcaicas (a Índia já era um símbolo do arcaico, e por isso verdadeiro, entre os neoplatônicos e

---

109. Mais sobre a estada em: Sawyer-Lauçanno, Christopher. *Escritores americanos em Paris, 1944-1960*. Rio de Janeiro: José Olympio, 1996.

hermetistas de Alexandria na Antigüidade tardia), buscou o novo. Visitou *ashrams*, centros de meditação. Conversou com saddhus, homens santos, e teve uma entrevista com o Dalai Lama, em companhia de Orlovsky, Snyder e Joanne Kyger. Foi o mergulho na alteridade: transitou por meses pela configuração religiosa composta por ramificações do bramanismo e budismo combinadas a outras seitas e doutrinas arcaicas. Assistiu regularmente aos ritos de cremação dos mortos à beira do Ganges. Em Nova York, escolhera o submundo, a marginalidade; ali, instalava-se em meio à multidão dos místicos mendicantes, à qual se misturavam devotos e leprosos, onde desaparecia qualquer limite à excentricidade ou separação entre loucura e normalidade. Daí em diante, o que tivesse a dizer sobre ser adepto de outra cosmovisão era sancionado pela experiência, inclusive entoar mantras em apresentações públicas, as roupagens e os paramentos indiano-tibetanos que usou pelas décadas seguintes, a prática da meditação, a ordenação budista com Chögyam Trungpa.

Kerouac, por sua vez, reviveu um mito fundador da literatura: a volta às origens, a reconquista do tempo. Para entender melhor a constelação simbólica sobre a qual repousa sua obra, é preciso voltar à sua infância. A comunidade de franco-canadenses católicos radicados em Massachusetts foi seu verdadeiro mundo: idealizou-o e quis recuperá-lo. Das narrativas, sua preferida era *Visions of Gérard*, onde foi mais longe na evocação e busca do que perdera ao relembrar o irmão e a infância.

A vida de Kerouac transcorreu sob o signo da perda e da solidão. Perda do irmão mais velho Gérard, morto quando ele tinha quatro anos de idade, e, em sua obra, símbolo da inocência, paradoxalmente projetada em Neal Cassady, delinqüente e devasso, mas, para ele, um santo. Perda de sua língua natal, o dialeto franco-canadense.

Perda do pai que por sua vez havia perdido tudo, a gráfica, as posses, a saúde. Perda de Sammy Sampas, o amigo que morreu na guerra. É como se a inundação do rio Merrimack em 1936 fosse, simbolicamente, levando os entes queridos, a língua natal, amigos, laços comunitários. Sua obra foi uma tentativa de nadar contra essa correnteza, contra o tempo. Viagem impossível, que o consumiu e esgotou. A correnteza o jogou na margem. A crônica de seus últimos anos é patética: bêbado, dialogando com fantasmas, repetindo variações do mesmo monólogo. De suas biografias, *Visions of Kerouac*, de Charles E. Jarvis[110], é pungente. Aproveitando sua estada em Lowell, a cidade natal, em 1968, e o fato de terem sido colegas, Jarvis se pôs a gravar falas do alcoólatra terminal. Registrou a voz vinda das sombras, pois, metáfora viva, já não suportava a luz e preferia ficar na sala com venezianas cerradas. Kerouac caminhando à noite com Jarvis por Lowell, reencontrando lugares da infância e da juventude: assombração percorrendo uma cidade fantasma.

Isso permite entender como Ginsberg e Kerouac acabaram por defender ideologias antagônicas. É como se um deles representasse um movimento de expansão, progressivo, em direção ao mundo; o outro, o movimento oposto, de contração, regressivo, para a família, a cidade natal, a infância. Ginsberg vislumbrava uma sociedade aberta, plural, em um mundo fechado, sem fronteiras desconhecidas. Kerouac desejava um mundo aberto, com espaços desconhecidos e fronteiras a ultrapassar, aquele dos autores-aventureiros que o inspiraram, Melville e London; e uma sociedade fechada, a exemplo da comunidade católica de franco-canadenses e gregos na qual crescera. Tomando a distinção clássica em sociologia entre

---

110. JARVIS, Charles E. *Visions of Kerouac*. Ithaca Press, 1974.

comunidade e sociedade, Ginsberg queria a transformação da sociedade; Kerouac desejava restaurar a comunidade. Douglas Brinkley comenta *seu amor pelos Estados Unidos essenciais e eternos*; daí apreciar com especial carinho as pequenas cidades: Lowell, Oregon City, Holyoke (Massachusetts), Asheville (Carolina do Norte), Gardiner (Maine), St. Cloud, Steubenville (Ohio), Lexington (Montana), Klamath Falls (Oregon).[111] Algumas, vilarejos. Na dualidade do título *The Town and the City*, *Cidade pequena, cidade grande*, pela *town*, pela cidadezinha.

Os dois movimentos, o regressivo e o progressivo, são literariamente produtivos: ambos são modos da negação, da recusa do que está aí; e a vida de inúmeros escritores é um oscilar ambivalente entre esses pólos. Kerouac não foi o único derrotado na vida e vitorioso na criação literária. Essas contradições e esses paradoxos não foram apenas um drama pessoal. Sua obra, por mais particular que fosse, é universal. A luta contra o tempo, a contradição entre o sujeito e seu mundo: temas que são o fermento da criação literária; que, do modo como Kerouac os enfrentou, conforme Penny Vlagopoulos, autora de um dos ensaios que acompanham a edição de *On the Road: o manuscrito original*, o tornaram o autor da *mais monumental das carografias sobre o desejo humano, em toda a sua extrema imensidão e insignificância*.

---

111. No prefácio do já citado *Diários de Jack Kerouac*.

5

SAN FRANCISCO

Ginsberg, o agitador, mesmo por obra do acaso. A leitura de poesia da Six Gallery em San Francisco, intitulada "6 Poets at 6 Gallery", a 7 de outubro de 1955[112], deveria ter sido organizada por McClure, a convite de Kenneth Rexroth. Ocupado com outras coisas, McClure pediu a Ginsberg, a quem conhecera recentemente, que se incumbisse dessa coordenação.

A ida de Ginsberg à Califórnia em 1953 havia sido para recomeçar seu relacionamento com Cassady. Mas – sempre sinuosos, os roteiros beat – não sem antes viajar até Havana e passar seis meses no México. Em Chiapas e Yucatán, explorou as recém-descobertas ruínas da civilização maia de Uxmál e Chichén-Itzá. Levou vida de arqueólogo e chegou a ser dado como perdido na selva.

Saiu da casa de Cassady em San José e mudou-se para San Francisco após mais um incidente em que Carolyn os surpreendeu fazendo sexo. Essa mudança transformaria seu destino literário.

San Francisco é cidade pequena, comparada com Nova York ou Chicago. Mas culturalmente forte. Provavelmente pelo cosmopolitismo e pelo retrospecto político,

---

112. Curioso: fontes divergem sobre a data da histórica récita de poesia. Para Miles, foi a 13 de outubro. Mas em *Howl*, a já citada edição comentada, com reproduções de originais, notas e documentos importantes relacionados a esse poema, há um fac-símile do convite daquele evento; nele, a data é 7 de outubro.

a Bay Area, sua região metropolitana, já era um reduto de cultura alternativa. Sendo um porto e ponto de chegada do Oriente, sua população compunha-se em boa parte de imigrantes, incluindo chineses. Além disso, há tempos era uma base da esquerda independente norte-americana, do IWW, International Workers of the World, movimento anarco-sindicalista das primeiras décadas do século, e de grupos pacifistas. No dizer de Rexroth (citado por McClure), *representava para as artes o que Barcelona representou para o anarquismo espanhol*. Atraiu místicos, excêntricos, integrantes de seitas e intelectuais inconformados que não eram aceitos por agências do poder cultural, revistas literárias e grupos ligados às universidades.[113] Daí serem comuns as manifestações de arte nas ruas, as encenações teatrais ao ar livre e as leituras de poesia. A San Francisco Renaissance, movimento ativo desde a década anterior, organizava mostras e lançava publicações.[114] Reunia poetas, seguidores do objetivismo de Pound e Williams, como Kenneth Rexroth, Jack Spicer, Madeline Gleason, Robert Duncan. E também adeptos e difusores do budismo como, principalmente, Alan Watts[115], além de artistas de outras modalidades.

A projeção da beat deve-se à soma do grupo de San Francisco ao de Nova York, acrescida dos que, sem chegar a fazer parte da beat, a apoiaram: poetas ligados ao Black Mountain College, como Robert Creeley; seu líder,

---

113. Essa tradição anarquista, subterrânea, contribuindo para que viesse a ser pólo cultural, foi comentada por Ginsberg em sua entrevista ao *Gay Sunshine*, e por Kenneth Rexroth, em *Entretiens – Beat Generation*.

114. Inclusive o periódico *San Francisco Renaissance*.

115. *O espírito do Zen*, tradução de Murillo Nunes de Azevedo, L&PM Pocket, 2008.

Charles Olson (1910-1970), discípulo de Pound, autor de *Projective Verse*, verso projetivo.[116]

Mas a relação dos beats com o eixo San Francisco Renaissance-Black Mountain College não foi de sincronia perfeita ou adesão plena. Rexroth e Duncan logo expressariam objeções ao "Uivo", de Ginsberg e, principalmente, à prosa de Kerouac.

Em dezembro de 1954, Ginsberg conheceu Peter Orlovsky, seu companheiro por décadas, em uma relação ao mesmo tempo estável e tumultuada. Filho de um ex-oficial do exército russo, czarista, Orlovsky, nascido a 8 de julho de 1933 em Nova York, passou a infância na miséria. Teve de sair de casa aos dezessete anos e foi trabalhar como enfermeiro. Dos seus quatro irmãos, os dois mais velhos, já na adolescência, foram internados com esquizofrenia. Tentando evitar que o mais novo, Lafcadio, seguisse pelo mesmo caminho, Peter o levou à Califórnia. O próprio Orlovsky habituou-se a drogar-se pesadamente (sobretudo com metadona e opiáceos), além de beber, e foi desenvolvendo estados de ausência e furor que fizeram que, por recomendação médica, ambos se separassem, deixando de morar juntos em 1984. Foram um casal; mas Orlovsky também tinha namoradas que moravam com ele e Ginsberg. Publicou, entre outros, *Clean Asshole Poems & Smiling Vegetable Songs* (*Poemas da bunda limpa & canções de vegetais sorridentes*), de 1978, e livros com sua correspondência com Ginsberg; apresentaram-se e gravaram discos juntos.

---

116. Uma boa explanação do *projective verse*, projeção das dimensões de espaço e tempo, no aqui citado *A nova visão de Blake aos Beats*, de McClure, tradução de Daniel Bueno, Luiza Leite e Sergio Cohn. Azougue, 2005.

Um dos pontos de encontro em San Francisco, desde a inauguração em 1953, era a livraria City Lights, iniciativa de Ferlinghetti com o propósito de, pioneiramente, vender e publicar livros de bolso de qualidade, e que chegava a ficar aberta até as duas da madrugada aos sábados.

Lawrence Ferlinghetti nasceu em Nova York a 24 de março de 1919.[117] Filho de um imigrante italiano, foi criado por uma tia francesa. Passou seus primeiros cinco anos de vida em Strasbourg, França: outro bilíngue na beat. Antes de servir no exército, foi jornalista esportivo e pescador; já publicava contos. Na Segunda Guerra participou, como oficial na Marinha, da invasão da Normandia em 1944, e, em 1945, chegou a Nagasaki seis semanas depois da explosão da bomba atômica, o que consolidou suas convicções pacifistas. Com uma bolsa para veteranos de guerra, graduou-se e fez mestrado em Columbia e doutorou-se em literatura na Sorbonne, antes de estabelecer-se em San Francisco em 1953. Atuou como ponte entre a literatura americana e a francesa[118], surrealismo inclusive. Tanto é que entre os primeiros títulos da City Lights estavam coletâneas de textos de Antonin Artaud e Jacques Prévert. É autor de *A Coney Island of the Mind* (*Um parque de diversões da cabeça*)[119], outro livro de poesia que já vendeu milhões de exemplares; a reunião de poesias *Endless Life* (*Vida sem fim*)[120]; *The Secret Meaning*

---

117. Até a preparação deste livro, continua vivo.

118. Conforme mostra Christopher Sawyer-Lauçanno no já citado *Escritores americanos em Paris, 1944-1960*.

119. FERLINGHETTI, Lawrence. *Um parque de diversões da cabeça*. Trad. Eduardo Bueno e Leonardo Fróes. Porto Alegre: L&PM Pocket, 2007 (reedição, já lançada em 1984).

120. FERLINGHETTI, Lawrence. *Vida sem fim*. Trad. Nelson Ascher, Paulo Leminski, Marcos A. P. Ribeiro, Paulo Henriques Britto. São Paulo: Brasiliense, 1984.

of Things (*O significado secreto das coisas*); a prosa poética de *Her* (*Dela*), textos políticos como *Tirannus Nix?* e tantos outros. Também é pintor. Sempre esteve presente no front político, incluindo suas viagens a Cuba em 1960, à Nicarágua sandinista nos anos 1980 e, mais recentemente, em apoio aos zapatistas mexicanos.

Em julho de 1955, depois de perder o emprego em pesquisas de mercado e inscrever-se na Universidade da Califórnia em Berkeley, Ginsberg foi morar nessa localidade vizinha a San Francisco. Conheceu inicialmente Kenneth Rexroth; em seguida, Robert Duncan, e, no final de 1954, em uma leitura de poemas de W.H. Auden, Michael McClure, por quem sentiu imediata simpatia, por este também ser apreciador de Blake, anarquista e precursor da moderna consciência ambientalista.

Nascido no Kansas a 20 de outubro de 1932, McClure participava das oficinas literárias de Robert Duncan. Além de poeta, narrador em prosa, dramaturgo (sua peça *The Beard* [*A barba*], sobre um encontro de Billy the Kid e Jean Harlow, sofreu tentativas de censura) e músico, o autor de *Peyote Poems* e *Ghost Tantras* destaca-se pela radicalidade da experimentação, compondo mantras viscerais. E pela incisiva defesa do meio ambiente, não só através da poesia, mas como militante. É dos beats mais performáticos, mais envolvidos na apresentação pública de poesia. Foi um dos que, assim como Ginsberg, efetuaram a ligação da beat com a contracultura (e com o pop-rock), fazendo-se presente em manifestações ao longo da década de 1960 e até hoje. O leitor brasileiro encontra, em *A nova visão de Blake aos Beats*[121], não só poesia, mas reflexões importantes

---

121. McClure, Michael. *A nova visão de Blake aos beats*. Trad. Daniel Bueno, Luiza Leite e Sergio Cohn. Rio de Janeiro: Azougue, 2005.

sobre temas como o corpo e a natureza, a relação entre matéria e energia, e a poesia visionária.

Quando McClure pediu a Ginsberg que organizasse o recital na Six Gallery, em setembro, procurou, por recomendação de Rexroth, Gary Snyder, a quem ainda não conhecera e com quem estabeleceu amizade duradoura. Até então, o budismo de Ginsberg e Kerouac era livresco, sem um contato mais direto com a doutrina da qual Snyder era um adepto, a ponto de adotar um modo de vida oriental. Nascido em San Francisco a 8 de maio de 1930, Snyder trabalhou como jornalista e marinheiro e, mais tarde, como guarda florestal. Depois de graduar-se como antropólogo, completava, quando conheceu Ginsberg, os cursos de chinês e japonês em Berkeley e preparava-se para viajar ao Japão, onde iria morar por muitos anos. Ambientalista, assim como McClure, o futuro autor de *The Back Country* (que pode ser traduzido como um lugar remoto, no interior) morava em uma cabana na Sierra Nevada. Um aspecto importante da contribuição de Snyder: o duplo enfoque, do budismo e taoísmo (traduziu poesia chinesa e japonesa), e da cultura dos indígenas norte-americanos, como estudioso de seus mitos e apresentador de seu mundo mágico através de poemas. Sua poesia e seu pensamento podem ser lidos na edição brasileira, *Re-habitar*.[122]

Agregou-se a eles Philip Whalen, também budista. Nascido em Portland, Oregon, a 20 de outubro de 1923, morto em 2002, retornava a San Francisco depois de uma temporada trabalhando como guarda florestal. Orientalista por vocação, desde seu desligamento do exército após

---

122. SNYDER, Gary. *Re-habitar*. Trad. Luci Collin. Rio de Janeiro: Azougue, 2005; organização de Luci Collin e Sergio Cohn.

a Segunda Guerra Mundial, praticante do zen, acabaria se ordenando monge budista. Além de Snyder e Whalen, completava o trio de amigos budistas e ambientalistas o poeta Lew Welch, nascido em Phoenix, Arizona, a 16 de agosto de 1926. Após levar uma vida de eremita, matou-se em 1971, saindo noite afora da cabana de Gary Snyder com uma espingarda (seu corpo nunca foi encontrado).

Convocaram ainda Philip Lamantia, o precoce surrealista americano, a quem Ginsberg já conhecia de Nova York. Nascido a 26 de outubro de 1928, morto em 2005, Lamantia procurou Breton, instalado em Nova York durante a guerra, em 1943. Mostrou-lhe seus poemas, e foi imediatamente saudado como revelação e publicado na revista *View*, dos surrealistas, aos quinze anos. O autor de *Destroyed Woks* e *Erotic Poems*, a partir de 1963, vinculou-se ao grupo surrealista americano encabeçado por Franklin Rosemont. Uma vida de alternâncias, do surrealismo a imersões no catolicismo; da experimentação com drogas (e mais que experimentação) à reclusão: as múltiplas faces do misticismo. Lamantia é o underground do underground, marginal entre marginais, excêntrico mesmo frente aos beats. Importa ter sido um poeta poderoso, expressando-se através de imagens surrealistas; ao mesmo tempo, um encontro de dicções, a exigir maior difusão da sua obra, inclusive nos Estados Unidos e, é claro, no Brasil.

Este foi o elenco da leitura: Ginsberg, Lamantia, Snyder, McClure, Whalen, além de Rexroth, convidado para apresentá-los. O convite, um *flyer* bem informal: *Seis poetas na Six Gallery. Kenneth Rexroth, M. C.* [mestre de cerimônias]. *Notável coleção de anjos, todos reunidos ao mesmo tempo no mesmo lugar. Vinho, música, garotas dançando, poesia séria, satori grátis. Pequena coleta para vinho e folhetos. Evento charmoso.* Linguagem ginsberguiana.

Um vívido relato está no aqui citado *A nova visão de Blake aos Beats*, de McClure, com traduções de poemas lidos na ocasião. Outro, em *Os vagabundos iluminados*, de Kerouac. Mas, alegando timidez, Kerouac não se apresentou. Ferlinghetti ficou na platéia. A sessão começou[123] com Lamantia apresentando poemas de John Hoffman, que havia morrido de mononucleose no México, em 1950. Snyder leu um extenso e precursor poema ambientalista e xamânico, "Um banquete de amoras".[124] McClure prosseguiu com seu poema sobre o morticínio de baleias. Whalen leu poemas, no dizer de McClure, que *não eram apenas retratos naturalistas de objetos e pessoas transformados pela poesia – a fala americana estava sendo usada pelo puro prazer de retratar a metamorfose, e exemplificar e ajudar a mudança do universo.*

Animada pelo vinho distribuído por Kerouac e por seus gritos, a récita atingiu o clímax com a leitura por Ginsberg da primeira parte de "Uivo". Nas palavras de Rexroth: *quando Allen leu "Uivo", foi como se o céu caísse sobre nossas cabeças. Um efeito inimaginável. Pois, seguramente, ele dizia tudo o que aquele público desejaria ouvir, e dizia isso na linguagem deles, rompendo radicalmente com o estilo estabelecido.*[125]

A leitura foi reprisada no início de 1956, em um auditório em Berkeley. Essa segunda récita foi gravada (não houve registro daquela na Six Gallery). Ginsberg leu "América" e a segunda parte de "Uivo", o público entoando em coro o refrão: "*Moloch! Moloch!*" É desse período um episódio que fez crescer o mito da selvageria beat, em um novo espetáculo em 1956, em Los Angeles,

---

123. Aqui, sigo a reconstituição descrita por Miles.
124. Reproduzido em *A nova visão de Blake aos beats*.
125. Do depoimento de Rexroth em *Entretiens – Beat Generation*.

organizado por Lawrence Lipton.[126] No auditório lotado, um bêbado teimava em interromper a leitura de Gregory Corso. Repreendido por Ginsberg, perguntou-lhe: *O que vocês estão querendo provar com isto?* A resposta foi um grito: *Nudez*! O importuno insistiu: *Mas o que vocês entendem por nudez*?, fazendo com que Ginsberg avançasse e fosse tirando a roupa, jogando as peças aos pés do interlocutor perplexo, até, nu em pêlo, desafiá-lo a fazer o mesmo. O bêbado retirou-se sob vaias para ele e ovações para Ginsberg.

Quando *Uivo e outros poemas* foi publicado, Ginsberg tinha trinta anos. E quando saiu *On the Road*, Kerouac estava com 35. Haviam chegado à Califórnia com uma sensação de fracasso por continuarem inéditos e por fazerem parte de uma vaga geração beat, da qual se falava sem saberem do que se tratava. A leitura na Six Gallery e os subseqüentes acontecimentos corresponderam a um processo de abertura. Permitiram-lhes dar sua resposta ao panorama cultural de uma época cinzenta.

A publicação de *Uivo e outros poemas* pela City Lights, em agosto de 1956, foi recebida com um processo por obscenidade, acarretando a detenção do gerente da livraria, Shigeotsi Murao, e a interdição do livro até ser liberado por decisão do Supremo Tribunal Estadual, em outubro de 1957. Retomada a comercialização, logo ultrapassou a inédita cifra de cem mil livros vendidos, acompanhado por outros que estavam na gaveta ou em filas de espera das editoras: *On the Road*, finalmente lançado em agosto de 1957, e a poesia de Corso, Snyder, McClure.

---

126. O autor de *The Holy Barbarians*, Ed. Julian Messner, 1959, e reedições: uma grande reportagem focalizando a vida dos artistas de Venice West e outros redutos do que viria a ser a contracultura.

As tentativas de censura não pararam com o processo contra *Uivo*. Em 1959, houve o encerramento da *Chicago Review* pela direção da respectiva universidade, por publicar Ginsberg, Kerouac e Burroughs, em um escândalo cujos ecos resultaram em matérias nas revistas *Time* e *Life*, projetando mais ainda a beat. São capítulos decisivos de uma luta que durou dez anos, até agosto de 1966, com o desfecho do processo contra a edição americana de *Almoço nu* (publicado em 1959, na França, pela Obelisk Press de Maurice Girodias, editor de Henry Miller e outros então proibidos nos Estados Unidos). A decisão do Supremo Tribunal de Massachusetts, ao liberar essa obra, determinou o fim da censura a livros nos Estados Unidos. Estabeleceu jurisprudência: se aquilo podia circular, então não havia mais nada a censurar.[127] Contudo, apreensão de livros é apenas uma das modalidades da censura. Outra, insidiosa por agir na sombra, está nos dossiês revelados por Ginsberg nos anos 1980, com os periódicos literários que, conforme a CIA ou o FBI, teriam a produção e a circulação dificultadas. E com a lista de autores que não podiam ser apoiados pela USIS em apresentações no exterior, publicada pelo *New York Times* em 1984, da qual Ginsberg fazia parte. E, correlatamente, as proibições de subsídios governamentais a obras tidas como ofensivas à moral.

A mística beat teve a colaboração de matérias na grande imprensa, desde os artigos no New York Times favoráveis a *Uivo e outros poemas* de Richard Eberhart, em setembro de 1956, e a *On the Road* de Gilbert Millstein, em setembro de 1957, até reportagens como a da *Life* em 1959.

---

127. Entre outras fontes sobre esse importante episódio está a biografia de Burroughs por Ted Morgan.

Mas provocou controvérsia, das manifestações de simpatia de figuras como Marianne Moore e Karl Shapiro ao exame severo das obras seguintes de Kerouac. Lionel Trilling, ex-professor de Ginsberg, classificou seus poemas como chatos, lamentando que ele tivesse deixado de escrever do modo como o fazia quando era seu aluno.[128]

A polêmica incluiu debates na TV e comentários irônicos, como o de Truman Capote (*This is not writing, this is tipewriting*, a propósito da rapidez de Kerouac como datilógrafo). É correta a observação, em um manual didático de literatura[129], que *talvez em momento algum da história da literatura americana um grupo de escritores tenha estado sob ataques tão virulentos como o estiveram os escritores beat*. Um exemplo é o artigo de Norman Podhoretz no conservador *The New Republic*, acusando-os de *uma patética pobreza de sentimentos*, além de *hostilidade pela inteligência*, antiintelectualismo, desprezo por valores culturais, alegria de viver confundida com falta de compromisso e consciência.[130]

Essa opinião conservadora encontrou eco em periódicos liberais e de esquerda, como o *Partisan Review*. Seus projéteis resvalaram em autores que não eram do grupo de San Francisco nem daquele de Nova York, e tinham em comum alguma proposta divergente dos centros de poder cultural, como Duncan ou Denise Levertov.

Herbert Gold (talvez em represália ao modo como ele e sua mulher foram recebidos no apartamento de Ginsberg no Harlem, já relatado aqui), de modo policialesco, chegou a afirmar que se tratava especificamente

---

128. Em uma carta transcrita, entre outros lugares, na edição comentada de *Uivo*, já citada aqui.

129. *Beat Literature*, Monarch Notes and Study Guides, 1966.

130. Esse texto pode ser apreciado pelo leitor brasileiro na coletânea; KRIM, Seymour. *A geração beat*. São Paulo: Brasiliense, 1970.

de uma manifestação de viciados.[131] Na mesma linha, o poeta Louis Simpson diria que *muito poema beat recomenda enfiar uma seringa de droga na veia*, qualificando-os como *o lamento do "junkie", o gemido da bicha, o choro do homem que, desprezando-se, joga a culpa na sociedade*.[132] Esses e muitos outros autores declararam, com firmeza, que a beat seria modismo passageiro, coisa do final dos anos 50. Diriam o mesmo em sucessivas ocasiões, como a do lançamento dos *Collected Poems* de Ginsberg em 1984. Podhoretz, detrator profissional da beat, voltaria à carga em 1988, acusando Ginsberg de *falso profeta* pela *glorificação da loucura, drogas e homossexualidade*. A permanência desse discurso raivoso atesta a continuidade, e não a extinção da beat.

Houve a repetição dos mesmos chavões, inclusive por ocasião do lançamento de algumas dessas obras no Brasil, na década de 1980. Esperar apoio de todo crítico seria exigir ordem unida, desconhecendo sua função de estimular debates através da controvérsia. Contudo, reexaminando o que foi escrito na época e repetido depois, é possível mostrar que o fundamento das objeções à espontaneidade e ao informalismo era a suposição de serem manifestações de incultura, ignorando que Ginsberg, Kerouac, Burroughs, Corso etc., foram dedicados leitores e pesquisadores. Mas suas leituras não eram as da comunidade acadêmica; por conseguinte, não existiam. Desconheceram ainda que, antes de criar obra espontânea e informal, haviam produzido bastante texto formal, conforme os padrões. O informal, espontâneo, coloquial foi um estágio avançado da criação, ultrapassando o

---

131. Na mesma coletânea *A geração beat*.

132. No periódico *The Noble Savage*. Meridian Books, outubro de 1962.

código partilhado com o *establishment*. Um acréscimo, e não uma perda.

Processos por obscenidade e essa recepção são faces da mesma moeda. Não pela primeira vez, sobrepuseram-se duas censuras, uma comportamental, outra do repertório simbólico. Tais confusões – censura da criação para controlar o comportamento e censura do comportamento apresentada como crítica literária – são freqüentes na história das vanguardas. Entre outros exemplos de atribuição de características do texto ao comportamento, surrealistas e dadaístas haviam sido tachados, em sua época, de drogados e pervertidos. Na censura e na perseguição policial projeta-se uma teoria literária. Como argumentou Philip Lamantia, a consciência literária americana se fixou no realismo e no positivismo, tolerando uma vanguarda apenas à margem[133]:

> A grande ironia neste país, como assinalou Barthes em seu livro sobre semiologia e literatura, e como destacou Susan Sontag antes dele, é que uma escrita de natureza analógica, metafórica, não-realista foi praticamente interditada nesses cinqüenta últimos anos, mesmo sendo uma prática corrente, quase um hábito na França.

Talvez nem seja preciso comentar que essa crítica se aplica a outros ambientes literários – o brasileiro, inclusive.

---

133. Em seu depoimento para a coletânea *Entretiens – Beat Generation*.

6

DA BEAT À CONTRACULTURA

Após os acontecimentos de San Francisco, outros nomes ainda passariam a fazer parte da beat. É interessante como, nesse estágio final, o leque da diversidade se abre mais ainda, com negros – LeRoi Jones (Amiri Baraka), Bob Kaufman, Ted Joans – e mulheres, como Diane di Prima. O ingresso tardio de alguns foi por serem mais jovens: quando Ginsberg, Burroughs e Kerouac se conheceram, LeRoi Jones e Diane di Prima tinham dez anos de idade.

Dessa leva final de beats, aquele de maior projeção e o mais polêmico viria a ser LeRoi Jones, nascido a 7 de outubro de 1934 em Newark. Dispensado da Força Aérea sob acusação de comunismo em 1954, vestiu a carapuça: tornou-se militante de esquerda. Em 1958, abriu uma editora, a Totem Press, que publicou Snyder, Whalen e Kerouac e lançou Diane di Prima, e criou um magazine literário, Yugen. Publicou *Preface to a Twenty Volume Suicide Note* (*Prefácio a uma nota de suicídio de vinte volumes*), poesia e textos sobre jazz; teve encenada a peça teatral *The Dutchman* (*O holandês*). O assassinato do líder negro Malcolm X em 1965 o levou a uma inflexão: militante negro, foi preso em 1968. Não só a radicalidade marxista-terceiro-mundista, mas o sectarismo (anti-semitismo e homofobia, inclusive) o distanciaram da beat (mas figura em *The Beat Book*).

Ted Joans, o beat-negro-surrealista, nascido a 4 de julho de 1928, em Cairo, Illinois, morto em 2003: músico, artista plástico, especialista em jazz, poeta irônico, que, na década de 1960, foi morar na África, além de participar do grupo dos surrealistas franceses encabeçado por André Breton.

Bob Kaufman, o autor do engraçado *Abomunist Manifesto* (*Manifesto abomunista*) e de títulos como *Golden Sardine* (*Sardinha dourada*); nascido em Nova Orleans em 1928, filho de uma negra da Martinica, católica, e de um judeu ortodoxo. Fundou em 1959 a revista Beatitude. Muito da sua criação, *jazz-poetry*, improvisada na hora, era anotada por sua mulher, a jornalista Eileen Kaufman. Uma parte, contudo, nem chegou a ser publicada, perdeu-se no ar.

Diane di Prima nasceu em Nova York a 6 de agosto de 1934. Além de *Memoirs of a Beatnik*, publicou volumes de poesia e cartas, as *Revolutionary Letters*. Adepta do budismo e praticante de magia; professora de poesia, ativista cultural, coordenadora de apresentações de poetas. E uma ponte entre a beat e o movimento hippie.

Ao mesmo tempo, é quando a beat termina. Ginsberg, no texto aqui citado, na abertura, foi claro: *o movimento literário da geração beat* durou *até que o termo se tornasse nacionalmente popular, no final dos anos 1950*.

A beat acabou ao vir a público, em seu apogeu, em um paradoxo aparente. E por várias razões. Kerouac, em crise, refluiu. Burroughs já estava fora há tempos. Cassady, preso, e depois em outra sintonia. Outros viajaram. Ginsberg, Corso, Orlovsky, à Europa. Snyder e Joanne Kyger, ao Japão. E, pouco depois, Ginsberg e Orlovsky ao Oriente. Ginsberg soube do processo contra *Uivo e outros poemas* em um navio, nas cercanias do Pólo Norte. Soube da vitória desse processo na Europa.

Além disso, aquela cumplicidade solidária, a mística partilhada pelos adeptos da Nova Visão, a exemplo de grupos esotéricos, iniciáticos, era possível no subterrâneo. A beat acabou ao se tornar coletiva; ao deixar de ser comunidade para transformar-se em sociedade. A poesia deseja projetar-se na diacronia, converter-se em realidade. Com a beat, essa projeção, mesmo parcial e incompleta, foi como que instantânea.

Por isso, da beat aos beatniks, da literatura ao comportamento, a transição marcou a passagem da década de 1950 a 1960. E como havia beatniks nos Estados Unidos, por volta de 1960! Indumentárias eram declarações de princípios, de ideologia. Inconfundíveis: barba, cabelos, capote militar comprado de segunda mão; artesãos, ganhando a vida, alguns, fazendo cartazes de silk-screen, freqüentadores ou leitores de poesia em cafeteria. Os leitores de Kerouac, Ginsberg, Ferlinghetti, Corso. Os clientes das edições da City Lights. Os *desafiliados*, como os nomeou Lawrence Lipton, cronista daquele momento. Curioso: esse figurino beat, barba e cabelos longos emoldurando a calvície, mais a vestimenta oriental, Ginsberg o adotou depois; o beat seguiu os beatniks.

Das páginas dos livros aos espaços urbanos: a topografia beat. North Beach em San Francisco, Venice West em Los Angeles, é claro que o Village nova-iorquino. Em *The Beat Book*, como apêndice, há um guia de *Beat Places*, lugares beat, incluindo Berkeley, Big Sur na Califórnia, a Índia toda, Kyoto. Terá alguma vez um movimento literário, ou predominantemente literário, alcançado essa espacialização?

A condição de astros pop de Ginsberg e outros beats convida à reflexão sobre as relações entre mídia, cultura e sociedade. É certo que os meios de comunicação de massa disseminam estereótipos e promovem a vulgarização da informação. Mas isso não justifica a simplificação segundo a qual tudo o que é assim difundido é intrinsecamente mau, corrompido pelo meio. Mídia e indústrias culturais são instrumentos de dominação; mas não se constituem em sistema fechado. No final dos anos de 1950, *Time*, *Life* e programas de TV tiveram que render-se à evidência ao abrirem-se para a beat, disseminando sua influência, por esta haver adquirido a dimensão de um fenômeno da sociedade. Antes de passarem das colunas literárias para as grandes reportagens e as telas, haviam chegado à marca das centenas de milhares de exemplares vendidos. Por isso, era impossível ignorá-los. Sem dúvida, beat e contracultura são beneficiárias do pluralismo burguês, em sociedades relativamente abertas, assim impelindo-as para uma abertura maior ainda. Seriam impossíveis em estados totalitários. Tanto é que, nestes, foram adotadas como símbolos do desejo de mudança, como ocorreu na Tchecoslováquia.

A passagem da beat à contracultura e rebeliões juvenis da década de 1960, com sua culminância em 1968, é indissociável da biografia de Ginsberg. Pode-se dizer que ele, mais do que qualquer outro, efetuou essa transição. Em 1964, assim que retornou da Ásia, alinhou-se à passeata contra a visita de Madame Nhu (cunhada do então dirigente sul-vietnamita Nhgo Diem-Dim) ao país. Demonstrações de maiores proporções, como a de Berkeley em 1965, tiveram-no à frente. Associou-se ao movimento pela liberdade de expressão encabeçado pelo líder estudantil Mario Savio. Foi quando se somaram um protesto específico, contra a guerra do Vietnã, e a defesa de uma sociedade pacífica e não-competitiva, o Flower Power. A mesma configuração ideológica marcou as manifestações seguintes: o Human Be-in de 1967 em

San Francisco; no mesmo ano, o bloqueio dos postos de alistamento militar de Nova York e a célebre marcha dos quinhentos mil sobre o Pentágono. Compareceu como organizador e líder a essas e muitas outras manifestações. Atuou também nos bastidores, nas providências para tirar muita gente da cadeia. Sua poesia da época é a de um porta-voz da resistência. No violento confronto com a polícia de Chicago em agosto de 1968, o Yippie Life-Festival do Lincoln Park, durante a convenção que escolheria o candidato democrata à presidência[134], estava na linha de frente com Jean Genet e William Burroughs. Por isso, teve que comparecer ao processo dos "Sete de Chicago", movido contra os organizadores da manifestação: teve que depor durante um dia e meio a um tribunal perplexo com suas explicações sobre mantras.

Em janeiro de 1965, empreendeu mais uma longa viagem, desta vez por países socialistas. Foi expulso de Cuba por receber rapazes em seu quarto de hotel e defender o livre uso da maconha. Posto em um avião para a Tchecoslováquia, visitou a União Soviética, onde se encontrou com Yevtuschenko, outro poeta-celebridade.

---

134. Apoiavam o liberal Gene MacCarthy; o escolhido foi Hubert Humphrey, que acabaria derrotado pelo republicano Richard Nixon. Um detalhe simbolicamente forte, que a imprensa não registrou: a festa pela eleição de Barak Obama ter sido comemorada por um milhão de pessoas em outro parque de Chicago, o Grant Park. Em agosto de 1968, no Yippie Life Festival: 50.000 manifestantes contrários à intervenção norte-americana no Vietnã, apanhando da polícia durante três dias de confronto, por ordem do então prefeito de Chicago, Richard Daley. O atual prefeito de Chicago, também Richard Daley – não o mesmo, porém seu filho. 1968: 50.000 manifestantes reprimidos em Chicago por ordem de Richard Daley. 2008: um milhão festejando em Chicago, recebidos por Richard Daley. Voltas que o mundo dá.

O diálogo entre Ginsberg e Yevtuschenko, ao se conhecerem, reconstituído no livro de Miles, merece registro.

> Yevtuschenko: *Vi que você é um homem bom. Aqui, ouvimos muitas coisas ruins a seu respeito, que é um pederasta, escândalos, mas eu sei que não é verdade.*
> Ginsberg: *É tudo verdade.*

Retornou a Praga, para, mais uma vez, ser expulso, após a memorável manifestação na qual foi aclamado Rei de Maio ("Kraj Mahales") por uma multidão de cem mil pessoas, quando tomou colossais bebedeiras, foi agredido e detido por agentes à paisana, e embarcado em um avião para Londres.

Há diferenças no significado dessas duas expulsões de países socialistas. Em Cuba houve incompetência dos responsáveis pela Casa de las Americas e outros dirigentes. Sabendo de sua fama, tendo-o visto em ação em 1961 (quando argüiu dirigentes cubanos em Nova York, em visita à ONU, exigindo a liberação da maconha) e conhecendo seus escritos, que não esperassem solidariedade irrestrita, como a prestaram tantos outros. Já na Tchecoslováquia, Ginsberg envolveu-se em algo de maior alcance. Havia expectativa de abertura e descompressão, à qual estava associado um elevado prestígio da beat. Ao chegar a Praga de repente, expulso de Cuba, foi parar, na primeira noite, em um bar decorado com pôsteres de artistas, inclusive um dele mesmo, surpreendendo freqüentadores, achando-se diante de um sósia da foto. A festa de coroação do Rei de Maio era retomada depois de anos de suspensão pelos rigores stalinistas. Por isso, transformou-se em manifestação precursora da Primavera de Praga de 1968. Ter Ginsberg como figura de proa conferiu-lhe mais sentido ainda. O impacto da sua presença foi tamanho que o então presidente tcheco, Antonin Novotnyi, o apontou como exemplo da decadência capitalista. Sucedeu-se um expurgo na Associação de Escritores, que o havia recebido, e em revistas literárias.

Provocar foi a marca registrada de Ginsberg, algo a que ele não resistia em circunstância alguma. Seus encontros com celebridades correspondem, por isso, a um anedotário de irreverências. Na Índia, em 1963, esteve a ponto de ser deportado depois de apresentar-se na Universidade de Benares e desentender-se, dando respostas atravessadas, com professores e os moralistas quadros do Partido Comunista. Em Cuba, de fato declarou, entre outras coisas, que achava Raúl Castro lindo, uma boneca.

Politizou, como ninguém antes o havia feito, a pederastia e os alucinógenos. Converteu-os em bandeiras de luta em favor de sua utopia, uma sociedade na qual se realizasse, de modo irrestrito, o pluralismo e a tolerância. Nas duas ocasiões, de Cuba e Praga, quis marcar posição e enfrentar tabus, ao insistir na liberação da maconha, além de tornar pileques escandalosos e de seduzir rapazes. Procedeu assim para mostrar que nem o capitalismo, nem o socialismo no modelo soviético ofereciam respostas para a questão da liberdade e da expansão da consciência. Ao criticar tanto a desumanização capitalista quanto o estado burocrático, adotava a liberdade como princípio fundamental: se esta não fosse respeitada, nenhuma transformação da base econômica seria válida. Em um artigo-manifesto de 1961, "O artista e as revoluções"[135], sobre a revolução cubana, proclamou: *A ordem é ampliar a área da consciência*. Insistiu que as verdadeiras revoluções

---

135. Publicado na revista argentina *Eco Contemporáneo*, em 1964; e no aqui citado *Beat Days*, de Miguel Grimberg.

teriam que ser transformadoras no plano da consciência, da linguagem, da vida:

> Todos os governos, inclusive o cubano, continuam operando dentro de regras de identidade forçadas sobre eles por modos de consciência já caducos. [...] QUALQUER medíocre tentativa burocrática de censura da linguagem, dicção ou direção da exploração psíquica é um mesmo velho erro cometido pelas academias idiotas, tanto dos Estados Unidos como da União Soviética.

A eclosão de uma cultura jovem, autônoma, nos anos 60, da qual, por sua extensão e complexidade, acabou ficando uma crônica viciada por estereótipos, não pode ser interpretada como rebelião consentida nem desqualificada como burguesa, subproduto da prosperidade capitalista e indício de sua decadência. O crescimento da associação entre pensamento alternativo e resistência pacifista provocou imediata repressão. Assim como o surgimento da beat é marcado por tentativas de censura dos textos, a contracultura o foi pela ação policial direta.[136] Já no final de 1965, Thimothy Leary recebia uma desproporcional pena de trinta anos de prisão em primeira instância, ao acharem uma pequena quantidade de maconha em seu carro (até o fim, alegou que o flagrante havia sido forjado). Condenavam, assim, o defensor e difusor do psicodelismo. O próprio Ginsberg recebeu, por anos a fio, vigilância cerrada, dando margem a relatórios absurdos, por exemplo, de estar *entoando poemas ininteligíveis no*

---

136. A violência contra hippies está bem documentada, entre outros lugares, em *The Anti-American Generation* (Transaction Books, 1971), coletânea de estudos neutros, sem sombra do panfletarismo que marcou outros textos da época, como os de Jerry Rubin.

Grant Park de Chicago, em 1968 (tratava-se de uma leitura de Blake). Várias vezes, teve a casa invadida em busca de drogas, caracterizando ação arbitrária da polícia. A crônica da violência é extensa, incluindo os disparos e a morte de quatro estudantes em Kent State e o espancamento de quem os policiais vissem pela frente, fazendo correr sangue no Lincoln Park de Chicago, na convenção do Partido Democrata em 1968. Os episódios mais graves foram os assassinatos, em batidas policiais, de militantes negros em 1968, além da perseguição a Eldridge Cleaver, obrigado a exilar-se, a LeRoi Jones, e a outras personalidades associadas ao Black Power.

Mas a contracultura também se desagregou por suas contradições: desde o início, juntava tendências incompatíveis, de hippies a maoístas, unidas por uma difusa perspectiva apocalíptica. O ano de 1968 foi o ano do seu apogeu, no mundo todo, e também da sua crise. Sintoma dela, o "racha" do SDS[137] entre pacifistas e adeptos da luta armada, que formariam os Weathermen, responsáveis, logo a seguir, por atentados a bomba em centros de pesquisa de universidades que colaboravam com o esforço armamentista. Mesmo a manifestação de Chicago já era organizada por uma fração, o Youth Movement de Jerry Rubin e Abie Hoffman. Por isso, reuniu um décimo das pessoas presentes à marcha sobre o Pentágono do ano anterior, essa sim, expressão de um movimento nacional. Ginsberg, mesmo participando da manifestação de Chicago, divergiu das lideranças que pretendiam o confronto com a polícia e procurou ter uma ação pacificadora (daí

---

137. SDS, sigla de Students for a Democratic Society, a tendência dominante no movimento estudantil americano desde o início da década. Uma boa fonte, com essa e outras informações interessantes sobre o período, é: MAFFI, Mario. *La Cultura Underground*. Barcelona: Editorial Anagrama,1975.

os mantras durante os três dias de confusão). Mais tarde, reclamou que, *a partir de 1968, toda a esquerda se lançou em uma fase de violência masturbatória, tratando todo mundo de* pigs, *fechando-se em sua boa consciência, e assim acarretando a eleição de Nixon*.[138] Seria o guru, o budista, místico e pacifista, falando? Ou o estrategista? Ambos, provavelmente. Uma coletânea sobre os quarenta anos da rebelião francesa de maio de 1968[139] traz, entre outros documentos de interesse, uma prolongada conversa de Ginsberg, Snyder, Allan Watts (o estudioso e difusor do budismo zen) e Timothy Leary. Nela, a evidente preocupação com a massificação daqueles movimentos juvenis, resumida nestas observações de Leary:

> Movimentos de massa não fazem o menor sentido para mim, não quero ter nada a ver com movimentos de massa. Acho que este é o erro que os ativistas de esquerda estão fazendo. [...] Eles estão repetindo as mesmas discussões enfadonhas e conflitos por poder dos anos 1930 e 40, dos movimentos sindicais, do trotskismo etc. Acho que eles devem ser santificados, cair fora, encontrar seu próprio centro, despertar e, sobretudo, evitar movimentos de massa, líderes populares, seguidores.

Uma tomada de posição em favor do *drop out*, cair fora: o espírito original da beat. E, principalmente por Snyder, o destaque para a importância de recuperar as origens religiosas, aquelas dos séculos XVI a XVIII, das utopias políticas, secularizadas pelo marxismo e demais socialismos do século XIX.

---

138. Em *Entretiens — Beat Generation*.
139. COHN, Sergio (org.); PIMENTA, Heyk (org.). *Maio de 68*. Rio de Janeiro: Azougue, 2008.

Em 1935, André Breton afirmava, ao romper com o Partido Comunista: *"Transformar o mundo", disse Marx; "mudar a vida", disse Rimbaud: estas duas palavras de ordem, para nós, são uma só.*[140] A posição de Ginsberg, Snyder, Watts e Leary, no documento aqui citado, é algo distinta: afirmam a precedência do "mudar a vida" romântico, da transformação individual, do sujeito, para que ocorram verdadeiras transformações da sociedade.

A contracultura foi a última manifestação de alcance universal do século XX. Daí em diante, desde 1968, sucederam-se movimentos de afirmação de particulares, nacionais ou regionais, e das minorias e setores específicos da sociedade. A cultura jovem segmentou-se e fragmentou-se em tribos e tendências: punks, góticos, neo-hippies; a militância política de esquerda, em tendências, facções, conventículos. Haverá quem diga que a movimentação mais recente associada ao Fórum Social Mundial é uma retomada da mobilização planetária; contudo, por mais expressiva que seja, não se mostra capaz, como o foram as revoltas de 1968, de paralisar uma nação (como aconteceu com a França em maio de 68) ou de colocar governos em xeque.

Mas o eclipse da contracultura não determinou o declínio do prestígio da beat. Ao contrário: é como se, freado o movimento alternativo, houvesse o retorno àquilo que o originou, a uma densidade inerente à pesquisa e à invenção literária, talvez perdida com a subseqüente massificação. Muitos autores podem ser associados à geração hippie e à contracultura; sua expressão artística é evidente na música, do experimentalismo lisérgico à canção de protesto, e em uma diversidade de criações em

---

140. Em *Discurso no congresso dos escritores* (1935), que compõe *Posição política do surrealismo*, publicado nas edições dos *Manifestos do surrealismo*, de Breton.

artes visuais e multimeios. Mas não se pode designar essa produção da contracultura nos mesmos termos em que se fala da beat, essa sim, movimento literário em primeiro lugar, e acontecimento comportamental em seguida, por conseqüência.

Daí o crescimento do interesse pela beat, através do reconhecimento da contribuição literária, em um fluxo editorial que não dá sinais de interromper-se. Ao contrário; cresce. Não só através das reedições: revistas especializadas, como a Beat Scene, que continua a sair regularmente, e inumeráveis antologias, sites e páginas mostram sua atualidade.

O fim da euforia contracultural não fez com que a atuação pública de Ginsberg, McClure, Ferlinghetti ou Snyder parasse. Todos estiveram presentes para protestar contra o recrudescimento, nas últimas décadas, do espírito da Guerra Fria. Importa, porém, que as obras deles estão aí para estimular a criação, ampliar a consciência e, de modo muito coerente com o espírito beat, oferecer exemplos, lições de vida e matéria para reflexão. Trata-se de contribuição poética. Mas poesia é onde a linguagem se refaz: por isso, produz consciência e se projeta na diacronia. De modo coerente com a recusa beat de separar os planos simbólico e da vida, dela faz parte sua contribuição à agenda dos temas propriamente sociais. Citando novamente Ginsberg, no já mencionado *The Beat Book*, sobre *alguns ideais essenciais do movimento artístico original*, que se tornaram temas mobilizadores nas décadas seguintes:

> O espírito de investigação da natureza da consciência, levando à aproximação com o pensamento oriental, à prática da meditação, à arte como extensão ou manifestação da exploração da textura da consciência, daí resultando a liberação espiritual.

Isso levou à liberação sexual, particularmente a liberação gay, que historicamente desempenhou um papel como catalisadora da liberação da mulher e da liberação do negro. Uma visão tolerante, não-teística, advinda da exploração da textura da consciência, por isso um antifascismo cósmico, uma abordagem pacífica, não violenta, à política; multiculturalismo; a absorção da cultura do negro ao *mainstream* da literatura e da música.

Em acréscimo, o que McClure diz sobre a contribuição beat[141]:

> Muito do que significou a geração beat se deve à natureza – a paisagem da natureza no caso de Gary Snyder, a mente enquanto natureza no caso de Allen Ginsberg. A consciência é um fenômeno orgânico natural. Os beats compartilharam um interesse pela natureza, consciência e biologia – áreas que mantiveram unidas por meio de suas posições políticas e antipolíticas.

Não falta substância filosófica a essas observações. A subjetividade como natureza; a natureza como algo vivo, a enteléquia grega. Subjetivização da natureza, do mundo objetivo; objetivização do sujeito, destronando o *cogito* cartesiano: a busca da superação da contradição entre sujeito e objeto através da experiência visionária; da realização da Nova Visão. Nem é preciso dizer o quanto o tema da preservação e da recuperação da natureza se tornou premente, dramático, associado à sobrevivência da vida no planeta. A visão poética enriquece o exame do tema. Querem salvar a natureza, o planeta? Então, que se transforme o homem.

---

141. No já citado *A Nova Visão de Blake aos beats*.

7
Beat Brasil

Em 1982, o escritor Ignácio de Loyola Brandão estagiava em Berlim. Recebi uma carta dele contando como havia sido assistir a um recital de Ginsberg e ainda ver o filme *Heart Beat*, achar numa livraria *As Ever*, de Ginsberg e Cassady, o livro de Jan Kerouac, filha de Jack, e outras publicações. Saiu no livro *O verde violentou o muro*[142], como "Carta a um poeta brasileiro". Transcrevo o trecho que mais interessa:

> No mesmo instante, [*enquanto ouvia Ginsberg*] imagens desencontradas começaram a me remeter de volta. [...] E então, final da década de 50, uma pensão na Alameda Santos, em São Paulo, Brasil. O sábado é esperado com impaciência, porque é o dia do Caderno B do *Jornal do Brasil*. Não havia semana em que não houvesse um texto sobre Ginsberg, Gregory Corso, Kerouac, Ferlinghetti, Rexroth, Burroughs, Orlovsky (que esteve na leitura com Ginsberg em Berlim). Foi no Caderno B que lemos pela primeira vez Norman Mailer e me lembro que Zé Celso Martinez Corrêa passou semanas com o artigo colado na parede ao lado de sua cama, um mundo de trechos assinalados violentamente a lápis.
>
> Típico, a página do *JB* transformada em pôster rabiscado pelo futuro criador e dirigente do Teatro Oficina.

---

142. Global, 1984.

E foi assim que a beat chegou ao Brasil, através da competência editorial de Mário Faustino e outros intelectuais que faziam o Caderno B. Não só. Outros veículos também a noticiaram. Uma extensa matéria, de boa qualidade levando em conta a informação então disponível, no Suplemento Literário de *O Estado de S. Paulo* em 1960, preparada por Thomaz Souto Corrêa e Frederico Branco. Tudo isso teve mais leitores atentos, além de Loyola e Zé Celso. Um deles, com certeza, o gaúcho Luiz Carlos Maciel, futuro difusor e pensador da contracultura.[143]

A beat também era referência importante para os poetas da geração dos Novíssimos de 1960.[144] Havia achado *Os vagabundos iluminados* e *On the Road – pé na estrada*, em uma boa livraria de pocket-books. O poeta Roberto Piva também recebia informações sobre a beat de Thomaz Souto Corrêa e do artista plástico Wesley Duke Lee, seus amigos. Mas, em 1961, Piva conseguiu fazer com que viessem os livros de poesia beat. Apareceu em meu apartamento com a pilha: Ginsberg, Ferlinghetti, Corso, Lamantia, mais a Beat Scene e coletâneas, nas edições da Pocket Poets Series da City Lights e da New Directions. Pusemo-nos a traduzir tudo aquilo.

Foi assim, penso, que a beat chegou ao Brasil, não mais como notícia, matéria jornalística, mas como texto, e, o mais importante, como intertexto, diálogo, relação no plano da criação. Isso é evidente em Piva, em sua *Ode a Fernando Pessoa*, de 1961, nos manifestos de 1962, em poemas de seu livro de estréia, *Paranóia*, lançado em 1963,

---

143. Em páginas da imprensa alternativa e em títulos como: *A morte organizada*. São Paulo: Global, 1978; *Anos 60*. Porto Alegre: L&PM 1987; *Geração em transe*. Rio de Janeiro: Nova Fronteira, 1996.

144. FARIA, Álvaro Alves (org.); MOISÉS, Carlos Felipe (org.). *Antologia poética da geração 60*. São Paulo: Nankin Editorial, 2000. O posfácio é meu, tratando disso, inclusive.

que dialogam, de modo evidente, com Ginsberg e Corso – sem, em momento algum, perderem a especificidade, o estilo pessoal, com sua riqueza imagética.[145]

Em 1967, traduzi Ginsberg – *Uivo*, *América*, *O fim*, e trechos do *Kaddish* – e poemas de Corso, Ferlinghetti, Ted Joans e outros, para um espetáculo chamado *América*, que preparei junto com Décio Bar[146], e que permaneceu por algum tempo em cartaz no Teatro da Rua, de Emílio Fontana. Décio Bar incumbiu-se da preparação de atores. A experiência da encenação foi decisiva para a percepção dessa poesia como entidade vocal. Treinou meu ouvido. Quanta coisa muda com o tempo – algumas sessões de *América* tiveram casa cheia, mas, visivelmente, poucos se davam conta do que se tratava. A imprensa desentendida. O preço do pioneirismo. Fizesse isso hoje, ou depois de 1980, repercutia, não passava em branco.

Equivalentes brasileiros à beat: isso daria uma extensa enumeração. *Panamérica*, de José Agripino de Paula, de 1967[147], pode ou não ser tido como obra beat. É pop-surreal, com certeza. Mas seu autor foi um personagem beat. Jorge Mautner, depois de lançar o movimento do Kaos e publicar narrativas como *O Deus da chuva e da morte*[148], mudou-se para os Estados Unidos no final da década de 1960; trouxe algo da beat para a Tropicália. Tropicalistas-beat? Em *Verdade tropical*[149], Caetano Veloso não chega a tratar da beat. Dos autores mais próximos ao tropicalismo,

---

145. Mais em: PIVA, Roberto. *Um estrangeiro na legião*, volume I das *Obras Reunidas*. *São Paulo*: Globo, 2005. O posfácio é meu, e nele trato mais detalhadamente dessa relação com a beat.
146. BAR, Décio. *Escritos*. São Paulo: Scortecci, 2008.
147. Reeditado pela Papagaio em 2001.
148. MAUTNER, Jorge. *Obras Completas*. Rio de Janeiro: Azougue, 2001.
149. VELOSO, Caetano. *Verdade tropical*. São Paulo: Companhia das Letras, 1997.

certamente haveria argumentos para associar Wally Salomão e sua *Navilouca* à beat. Torquato Neto. Hélio Oiticica. E figuras mais excêntricas, como Rogério Duarte.[150] Mas, cronologicamente, são autores que podem ser vinculados a outro ciclo, da contracultura e das grandes rebeliões juvenis da segunda metade da década de 1960, por sua vez com um enorme débito à beat. Isso vale, com relação a músicos, certamente para Raul Seixas, expressão radical do espírito daquela época.

Há sincronia com o ciclo das segundas vanguardas na dramaturgia de Antonio Bivar e José Vicente; na acolhida ao Living Theater e ao encenador Robert Wilson; no experimentalismo do Teatro Oficina; no cinema marginal de Jairo Ferreira, Rogério Sganzerla, Julio Bressane, Carlos Reichenbach (com alusões explícitas) e outros. O mesmo pode ser dito da poesia marginal que se evidenciou na metade da década de 1970, especialmente a partir da antologia *26 Poetas Hoje*, preparada por Heloisa Buarque de Holanda.[151] Nela, com Chacal e demais integrantes do grupo e do almanaque alternativo *Nuvem cigana*[152]: a poesia marginal expressando-se, com ironia, através da linguagem dos marginais de então. Ao mesmo tempo, a beat encarnada, os escritores viajantes: o Antonio Bivar de *Verdes vales do fim do mundo* e *Longe daqui aqui mesmo*[153] e que também publicaria, mais recentemente, um estudo biográfico sobre Kerouac;[154] o Eduardo Bueno que refez os trajetos de Kerouac antes de se destacar como tradutor

---

150. DUARTE, Rogério. *Tropicaos*. Rio de Janeiro: Azougue, 2004.
151. HOLLANDA, Heloisa Buarque de. *26 Poetas Hoje*. 3ª ed. Rio de Janeiro: Aeroplano, 2001.
152. Vários. *Nuvem Cigana – poesia e delírio no Rio dos anos 70*. Rio de Janeiro: Azougue, 2007.
153. Ambos publicados pela L&PM Pocket.
154. Antonio Bivar, *Jack Kerouac, o rei dos beatniks*, Brasiliense, 2004.

e difusor da beat; o especialista em jazz, Roberto Mugiatti, procurando (e encontrando) Kerouac[155]; Alberto Marsicano, músico (toca cítara), poeta e tradutor, que passou em revista seus périplos orientais no recente *Crônicas marsicanas*[156]; Carlos Figueiredo, que refez roteiros beat na Índia, Nepal e outros países orientais, antes de ocupar-se com a conexão entre os beats e os goliardos[157], poetas errantes e boêmios da Idade Média.

Novos ares, uma cultura de resistência ao autoritarismo, pessoas saindo de casa e procurando informação após o fim do AI-5 e da censura à imprensa, busca de alternativas às tendências literárias canônicas, o sucesso da poesia marginal, jornalismo cultural atrás de novas pautas: tudo isso favoreceu a recepção das obras beat que passaram a ser lançadas pelas editoras Brasiliense e L&PM a partir de 1983. Junto, a enorme polêmica: páginas e páginas de jornais a favor e contra – além dos artigos mais raivosos, chamando autores beat de iletrados, chegou-se a afirmar que essas edições eram sinal de nostalgia da década de 1950.[158] Uma coletânea da L&PM, *Alma beat*[159], registra ecos da polêmica. Aquela recepção da beat no Brasil é hoje tema de pesquisas e dissertações. E de pertinentes observações como estas, sobre a depreciação que consiste em discutir a beat como fenômeno comportamental, de Sergio Cohn no prefácio de *A Nova Visão de Blake aos beats*, de McClure:

---

155. Dentre as obras de Mugiatti sobre jazz, o recente *Improvisando Soluções*, editora Best Seller, 2008.

156. MARSICANO, Alberto. *Crônicas marsicanas*. Porto Alegre: L&PM, 2007.

157. FIGUEIREDO, Carlos. *Goliardos*. Bibla, 1998.

158. Não resisti a intervir naquela polêmica: publiquei *Os beats abominaram a década de 50*. Folha de S. Paulo, caderno Ilustrada, 03/03/1984.

159. De 1984 – textos de Bivar, Eduardo Bueno, Pepe Escobar, Roberto Mugiatti, meu; uma tradução de Kerouac.

Existe uma concepção muito corrente que contrapõe viver e pensar como atividades excludentes. Embora possa ser facilmente refutada pelo exemplo de uma série de grandes artistas e pensadores, ela ainda é encontrada até mesmo em discursos de autores que a princípio (e na superfície) a negariam. É o caso de Paulo Leminski quando declara que "a poesia beat, pela própria natureza da sua proposta, não poderia produzir teóricos nem ensaístas. E seu alcance e abrangência é, necessariamente, menor do que a da poesia concreta brasileira, sua contemporânea." Por "proposta" devemos entender, segundo o próprio Leminski, ser a literatura beat "indissolúvel de um gesto comportamental".[160]

Leminski é apenas um exemplo. Grande parte da absorção da literatura beat, seja no Brasil ou no exterior, foi marcada por essa imagem caricata, que vê seus escritores como talentosos, porém ingênuos, mais importantes no plano comportamental do que no literário.

Objeção alguma impediu a segunda leva editorial pelos pockets da L&PM, de maior amplidão, a partir do final dos anos 1990. E um crescimento de interesse pelo assunto que resultou em ciclos de palestras e debates, e outros eventos[161], em universidades[162] e órgãos como os SESC, bem como em encenações teatrais.[163]

---

160. Leminski declarou isso em seu posfácio para a edição brasileira de *Vida sem fim*, de Ferlinghetti.

161. O poeta e estudioso do surrealismo Floriano Martins apresentou um espetáculo feito de recortes de Burroughs, em uma releitura pessoal, em 1999.

162. Um especialmente substancioso: FIKER, Raul (org.). *Linguagem, estética e cultura na geração beat*, Araraquara: UNESP, 1997.

163. Como aquela, recente, de Mario Bortollotto sobre Kerouac.

Interessa olhar o modo como poesia beat é assimilada pelos poetas já situados em uma geração 1990. Muitos, leitores da beat e também de Roberto Piva.[164] Rodrigo Garcia Lopes, poeta, ensaísta, tradutor, é autor de uma dissertação sobre Burroughs, além de pesquisar outros autores norte-americanos.[165] Ademir Assunção[166] se apresenta como leitor de Burroughs e outros beats em sua poesia e fragmentos em prosa. Joca Reiners Terron escreve uma poesia e prosa poética inequivocamente beat em sua fluência.[167] Em meados da década, começa a ser publicada a revista *Azougue*, do poeta Sergio Cohn[168] e amigos (Danilo Monteiro, Bruno Zeni, Pedro Moraes e outros), abrindo com traduções de Snyder, da qual surgiria a editora Azougue, com os aqui citados Snyder, McClure e Rothemberg, entre outros títulos relacionados à beat e a um pensamento alternativo. Vínculos com a beat são declarados em poetas do Rio de Janeiro como Guilherme Zarvos[169] e Alberto Pucheu.[170] Em 2000, o

---

164. Basta examinar: GUEDES, Luiz Roberto (org.). *Paixão por São Paulo – Antologia poética paulistana* (comemorativa dos 450 anos de fundação da cidade). Editora Terceiro Nome, 2004. Além da presença de Piva, há poetas mais jovens que o homenageiam ou citam.

165. Inclusive no aqui já citado *Vozes e visões*; é tradutor de Whitman, Rimbaud e Silvia Plath; *Nômada*, Lamparina, 2004, entre outros títulos.

166. Por exemplo: ASSUNÇÃO, Ademir. *LSD Nô*. São Paulo: Iluminuras, 1994 e *Zona Branca*. São Paulo: Altana, 2001.

167. Entre outros títulos, *Animal anônimo*, Ciência do Acidente, 2002, e narrativas em prosa como *Hotel Hell* e *Não há nada lá*.

168. COHN, Sérgio. *Horizonte de eventos*, Rio de Janeiro: Azougue, 2002 e *O sonhador insone*. Rio de Janeiro: Azougue, 2006.

169. ZARVOS, Guilherme. *Zombar*. Rio de Janeiro: Francisco Alves, 2004, entre outros.

170. PUCHEU, Alberto. *A fronteira desguarnecida*. Rio de Janeiro: Azougue, 2007 e *A vida é assim*. Rio de Janeiro: Azougue, 2001.

músico e escritor gaúcho Vitor Ramil, formulador da Estética do Frio[171], musicou minha tradução de um poema de Ginsberg, "Para Lindsay" (em homenagem a Vachel Lindsay) em seu CD *Tambong*.

Haveria dezenas de outros nomes a examinar. E um estudo a ser feito esmiuçando essas relações. Conforme aqui sustentado, beat não é escola literária: faz parte da sua essência o trabalho conjunto, a dimensão comunitária, a tolerância e a sacralização da amizade. E o misticismo, a religiosidade transgressiva. A identificação de literatura e vida. Mas os autores e obras citadas correspondem, certamente, a um reingresso do "eu", do sujeito na criação poética, e a uma expressão mais visceral, diferenciando-se da neutralidade formalista, de um cartesianismo poético um tanto dominante. São, por isso, indício de permanência e contemporaneidade de uma postura, um espírito beat a contribuir para o que realmente importa: a criação poética.

---

171. Autor de *Satolep* e *Pequod*, ambos pela Cosac Naify.

O AUTOR

CLAUDIO WILLER é poeta, ensaísta e tradutor. Nasceu em São Paulo, em 1940. Publicações mais recentes: *Estranhas experiências,* poesia (Lamparina, 2004); *Volta,* narrativa em prosa (Iluminuras, 1966, terceira edição em 2004); preparou *Lautréamont – Os cantos de Maldoror, Poesias e cartas – Obra completa* (Iluminuras, nova edição em 2005) e *Uivo, Kaddish e outros poemas,* de Allen Ginsberg (L&PM, 1984 e reedições, nova edição de bolso de 2005). Teve lançado *Poemas para leer en voz alta,* (Editorial Andrómeda, San Jose, Costa Rica, 2007, tradução de Eva Schnell, posfácio de Floriano Martins) e uma série de ensaios sobre poesia surrealista na coletânea *Surrealismo* (Perspectiva, coleção Signos, 2008). É autor de outros livros de poesia e da coletânea *Escritos de Antonin Artaud,* esgotados. Consta em antologias e coletâneas brasileiras e estrangeiras. Seus vínculos são com a criação literária mais rebelde e transgressiva, como aquela ligada ao surrealismo e à geração beat. Ocupou cargos públicos em administração cultural. Presidiu por vários mandatos a UBE, União Brasileira de Escritores. Deu inúmeras palestras, cursos e oficinas literárias. Doutor em Letras, DLCV-FFLCH-USP, tese de doutorado defendida e aprovada em 2008: *Um obscuro encanto: Gnose, gnosticismo e a poesia moderna.* Co-edita, com Floriano Martins, *Agulha,* www.revista.agulha.nom.br.

Coleção **L&PM** POCKET

38. **Antologia poética** – Olavo Bilac
39. **O rei Lear** – Shakespeare
40. **Memórias póstumas de Brás Cubas** – M. de Assis
41. **Que loucura!** – Woody Allen
42. **O duelo** – Casanova
44. **Gentidades** – Darcy Ribeiro
45. **Mem. de um Sarg. de Milícias** – M. A. de Almeida
46. **Os escravos** – Castro Alves
47. **O desejo pego pelo rabo** – Pablo Picasso
48. **Os inimigos** – Máximo Gorki
49. **O colar de veludo** – Alexandre Dumas
50. **Livro dos bichos** – Vários
51. **Quincas Borba** – Machado de Assis
53. **O exército de um homem só** – Moacyr Scliar
54. **Frankenstein** – Mary Shelley
55. **Dom Segundo Sombra** – Ricardo Güiraldes
56. **De vagões e vagabundos** – Jack London
57. **O homem bicentenário** – Isaac Asimov
58. **A viuvinha** – José de Alencar
59. **Livro das cortesãs** – org. de Sergio Faraco
60. **Últimos poemas** – Pablo Neruda
61. **A moreninha** – Joaquim Manuel de Macedo
62. **Cinco minutos** – José de Alencar
63. **Saber envelhecer e a amizade** – Cícero
64. **Enquanto a noite não chega** – J. Guimarães
65. **Tufão** – Joseph Conrad
66. **Aurélia** – Gérard de Nerval
67. **I-Juca-Pirama** – Gonçalves Dias
68. **Fábulas** – Esopo
69. **Teresa Filósofa** – Anônimo do Séc. XVIII
70. **Avent. inéditas de Sherlock Holmes** – A. C. Doyle
71. **Quintana de bolso** – Mario Quintana
72. **Antes e depois** – Paul Gauguin
73. **A morte de Olivier Bécaille** – Émile Zola
74. **Iracema** – José de Alencar
75. **Iaiá Garcia** – Machado de Assis
76. **Utopia** – Tomás Morus
77. **Sonetos para amar o amor** – Camões
78. **Carmem** – Prosper Mérimée
79. **Senhora** – José de Alencar
80. **Hagar, o horrível 1** – Dik Browne
81. **O coração das trevas** – Joseph Conrad
82. **Um estudo em vermelho** – Arthur Conan Doyle
83. **Todos os sonetos** – Augusto dos Anjos
84. **A propriedade é um roubo** – P.-J. Proudhon
85. **Drácula** – Bram Stoker
86. **O marido complacente** – Sade
87. **De profundis** – Oscar Wilde
88. **Sem plumas** – Woody Allen
89. **Os bruzundangas** – Lima Barreto
90. **O cão dos Baskervilles** – Arthur Conan Doyle
91. **Paraísos artificiais** – Charles Baudelaire
92. **Cândido, ou o otimismo** – Voltaire
93. **Triste fim de Policarpo Quaresma** – Lima Barreto
94. **Amor de perdição** – Camilo Castelo Branco
95. **A megera domada** – Shakespeare / trad. Millôr
96. **O mulato** – Aluísio Azevedo
97. **O alienista** – Machado de Assis
98. **O livro dos sonhos** – Jack Kerouac
99. **Noite na taverna** – Álvares de Azevedo
100. **Aura** – Carlos Fuentes
102. **Contos gauchescos e Lendas do sul** – Simões Lopes Neto
103. **O cortiço** – Aluísio Azevedo
104. **Marília de Dirceu** – T. A. Gonzaga
105. **O Primo Basílio** – Eça de Queiroz
106. **O ateneu** – Raul Pompéia
107. **Um escândalo na Boêmia** – Arthur Conan Doyle
108. **Contos** – Machado de Assis
109. **200 Sonetos** – Luis Vaz de Camões
110. **O príncipe** – Maquiavel
111. **A escrava Isaura** – Bernardo Guimarães
112. **O solteirão nobre** – Conan Doyle
114. **Shakespeare de A a Z** – Shakespeare
115. **A relíquia** – Eça de Queiroz
117. **Livro do corpo** – Vários
118. **Lira dos 20 anos** – Álvares de Azevedo
119. **Esaú e Jacó** – Machado de Assis
120. **A barcarola** – Pablo Neruda
121. **Os conquistadores** – Júlio Verne
122. **Contos breves** – G. Apollinaire
123. **Taipi** – Herman Melville
124. **Livro dos desaforos** – org. de Sergio Faraco
125. **A mão e a luva** – Machado de Assis
126. **Doutor Miragem** – Moacyr Scliar
127. **O penitente** – Isaac B. Singer
128. **Diários da descoberta da América** – C.Colombo
129. **Édipo Rei** – Sófocles
130. **Romeu e Julieta** – Shakespeare
131. **Hollywood** – Charles Bukowski
132. **Billy the Kid** – Pat Garrett
133. **Cuca fundida** – Woody Allen
134. **O jogador** – Dostoiévski
135. **O livro da selva** – Rudyard Kipling
136. **O vale do terror** – Arthur Conan Doyle
137. **Dançar tango em Porto Alegre** – S. Faraco
138. **O gaúcho** – Carlos Reverbel
139. **A volta ao mundo em oitenta dias** – J. Verne
140. **O livro dos esnobes** – W. M. Thackeray
141. **Amor & morte em Poodle Springs** – Raymond Chandler & R. Parker
142. **As aventuras de David Balfour** – Stevenson
143. **Alice no país das maravilhas** – Lewis Carroll
144. **A ressurreição** – Machado de Assis
145. **Inimigos, uma história de amor** – I. Singer
146. **O Guarani** – José de Alencar
147. **A cidade e as serras** – Eça de Queiroz
148. **Eu e outras poesias** – Augusto dos Anjos
149. **A mulher de trinta anos** – Balzac
150. **Pomba enamorada** – Lygia F. Telles
151. **Contos fluminenses** – Machado de Assis
152. **Antes de Adão** – Jack London
153. **Intervalo amoroso** – A.Romano de Sant'Anna
154. **Memorial de Aires** – Machado de Assis
155. **Naufrágios e comentários** – Cabeza de Vaca
156. **Ubirajara** – José de Alencar
157. **Textos anarquistas** – Bakunin
159. **Amor de salvação** – Camilo Castelo Branco
160. **O gaúcho** – José de Alencar
161. **O livro das maravilhas** – Marco Polo
162. **Inocência** – Visconde de Taunay
163. **Helena** – Machado de Assis
164. **Uma estação de amor** – Horácio Quiroga
165. **Poesia reunida** – Martha Medeiros

166. **Memórias de Sherlock Holmes** – Conan Doyle
167. **A vida de Mozart** – Stendhal
168. **O primeiro terço** – Neal Cassady
169. **O mandarim** – Eça de Queiroz
170. **Um espinho de marfim** – Marina Colasanti
171. **A ilustre Casa de Ramires** – Eça de Queiroz
172. **Lucíola** – José de Alencar
173. **Antígona** – Sófocles – trad. Donaldo Schüler
174. **Otelo** – William Shakespeare
175. **Antologia** – Gregório de Matos
176. **A liberdade de imprensa** – Karl Marx
177. **Casa de pensão** – Aluísio Azevedo
178. **São Manuel Bueno, Mártir** – Unamuno
179. **Primaveras** – Casimiro de Abreu
180. **O noviço** – Martins Pena
181. **O sertanejo** – José de Alencar
182. **Eurico, o presbítero** – Alexandre Herculano
183. **O signo dos quatro** – Conan Doyle
184. **Sete anos no Tibet** – Heinrich Harrer
185. **Vagamundo** – Eduardo Galeano
186. **De repente acidentes** – Carl Solomon
187. **As minas de Salomão** – Rider Haggard
188. **Uivo** – Allen Ginsberg
189. **A ciclista solitária** – Conan Doyle
190. **Os seis bustos de Napoleão** – Conan Doyle
191. **Cortejo do divino** – Nelida Piñon
194. **Os crimes do amor** – Marquês de Sade
195. **Besame Mucho** – Mário Prata
196. **Tuareg** – Alberto Vázquez-Figueroa
197. **O longo adeus** – Raymond Chandler
199. **Notas de um velho safado** – C. Bukowski
200. **111 ais** – Dalton Trevisan
201. **O nariz** – Nicolai Gogol
202. **O capote** – Nicolai Gogol
203. **Macbeth** – William Shakespeare
204. **Heráclito** – Donaldo Schüler
205. **Você deve desistir, Osvaldo** – Cyro Martins
206. **Memórias de Garibaldi** – A. Dumas
207. **A arte da guerra** – Sun Tzu
208. **Fragmentos** – Caio Fernando Abreu
209. **Festa no castelo** – Moacyr Scliar
210. **O grande deflorador** – Dalton Trevisan
212. **Homem do príncipio ao fim** – Millôr Fernandes
213. **Aline e seus dois namorados** – A. Iturrusgarai
214. **A juba do leão** – Sir Arthur Conan Doyle
215. **Assassino metido a esperto** – R. Chandler
216. **Confissões de um comedor de ópio** – T. De Quincey
217. **Os sofrimentos do jovem Werther** – Goethe
218. **Fedra** – Racine / Trad. Millôr Fernandes
219. **O vampiro de Sussex** – Conan Doyle
220. **Sonho de uma noite de verão** – Shakespeare
221. **Dias e noites de amor e de guerra** – Galeano
222. **O Profeta** – Khalil Gibran
223. **Flávia, cabeça, tronco e membros** – M. Fernandes
224. **Guia da ópera** – Jeanne Suhamy
225. **Macário** – Álvares de Azevedo
226. **Etiqueta na prática** – Celia Ribeiro
227. **Manifesto do partido comunista** – Marx & Engels
228. **Poemas** – Millôr Fernandes
229. **Um inimigo do povo** – Henrik Ibsen
230. **O paraíso destruído** – Frei B. de las Casas
231. **O gato no escuro** – Josué Guimarães
232. **O mágico de Oz** – L. Frank Baum
233. **Armas no Cyrano's** – Raymond Chandler
234. **Max e os felinos** – Moacyr Scliar
235. **Nos céus de Paris** – Alcy Cheuiche
236. **Os bandoleiros** – Schiller
237. **A primeira coisa que eu botei na boca** – Deonísio da Silva
238. **As aventuras de Simbad, o marújo**
239. **O retrato de Dorian Gray** – Oscar Wilde
240. **A carteira de meu tio** – J. Manuel de Macedo
241. **A luneta mágica** – J. Manuel de Macedo
242. **A metamorfose** – Kafka
243. **A flecha de ouro** – Joseph Conrad
244. **A ilha do tesouro** – R. L. Stevenson
245. **Marx - Vida & Obra** – José A. Giannotti
246. **Gênesis**
247. **Unidos para sempre** – Ruth Rendell
248. **A arte de amar** – Ovídio
249. **O sono eterno** – Raymond Chandler
250. **Novas receitas do Anonymous Gourmet** – J.A.P.M.
251. **A nova catacumba** – Arthur Conan Doyle
252. **Dr. Negro** – Arthur Conan Doyle
253. **Os voluntários** – Moacyr Scliar
254. **A bela adormecida** – Irmãos Grimm
255. **O príncipe sapo** – Irmãos Grimm
256. **Confissões** *e* **Memórias** – H. Heine
257. **Viva o Alegrete** – Sergio Faraco
258. **Vou estar esperando** – R. Chandler
259. **A senhora Beate e seu filho** – Schnitzler
260. **O ovo apunhalado** – Caio Fernando Abreu
261. **O ciclo das águas** – Moacyr Scliar
262. **Millôr Definitivo** – Millôr Fernandes
264. **Viagem ao centro da Terra** – Júlio Verne
265. **A dama do lago** – Raymond Chandler
266. **Caninos brancos** – Jack London
267. **O médico e o monstro** – R. L. Stevenson
268. **A tempestade** – William Shakespeare
269. **Assassinatos na rua Morgue** – E. Allan Poe
270. **99 corruíras nanicas** – Dalton Trevisan
271. **Broquéis** – Cruz e Sousa
272. **Mês de cães danados** – Moacyr Scliar
273. **Anarquistas – vol. 1 – A idéia** – G. Woodcock
274. **Anarquistas – vol. 2 – O movimento** – G. Woodcock
275. **Pai e filho, filho e pai** – Moacyr Scliar
276. **As aventuras de Tom Sawyer** – Mark Twain
277. **Muito barulho por nada** – W. Shakespeare
278. **Elogio da loucura** – Erasmo
279. **Autobiografia de Alice B. Toklas** – G. Stein
280. **O chamado da floresta** – J. London
281. **Uma agulha para o diabo** – Ruth Rendell
282. **Verdes vales do fim do mundo** – A. Bivar
283. **Ovelhas negras** – Caio Fernando Abreu
284. **O fantasma de Canterville** – O. Wilde
285. **Receitas de Yayá Ribeiro** – Celia Ribeiro
286. **A galinha degolada** – H. Quiroga
287. **O último adeus de Sherlock Holmes** – A. Conan Doyle
288. **A. Gourmet** *em* **Histórias de cama & mesa** – J. A. Pinheiro Machado
289. **Topless** – Martha Medeiros
290. **Mais receitas do Anonymous Gourmet** – J. A. Pinheiro Machado
291. **Origens do discurso democrático** – D. Schüler
292. **Humor politicamente incorreto** – Nani
293. **O teatro do bem e do mal** – E. Galeano
294. **Garibaldi & Manoela** – J. Guimarães
295. **10 dias que abalaram o mundo** – John Reed
296. **Numa fria** – Charles Bukowski

297. **Poesia de Florbela Espanca** vol. 1
298. **Poesia de Florbela Espanca** vol. 2
299. **Escreva certo** – E. Oliveira e M. E. Bernd
300. **O vermelho e o negro** – Stendhal
301. **Ecce homo** – Friedrich Nietzsche
302(7). **Comer bem, sem culpa** – Dr. Fernando Lucchese, A. Gourmet e Iotti
303. **O livro de Cesário Verde** – Cesário Verde
305. **100 receitas de macarrão** – S. Lancellotti
306. **160 receitas de molhos** – S. Lancellotti
307. **100 receitas light** – H. e Â. Tonetto
308. **100 receitas de sobremesas** – Celia Ribeiro
309. **Mais de 100 dicas de churrasco** – Leon Diziekaniak
310. **100 receitas de acompanhamentos** – C. Cabeda
311. **Honra ou vendetta** – S. Lancellotti
312. **A alma do homem sob o socialismo** – Oscar Wilde
313. **Tudo sobre Yôga** – Mestre De Rose
314. **Os varões assinalados** – Tabajara Ruas
315. **Édipo em Colono** – Sófocles
316. **Lisístrata** – Aristófanes / trad. Millôr
317. **Sonhos de Bunker Hill** – John Fante
318. **Os deuses de Raquel** – Moacyr Scliar
319. **O colosso de Marússia** – Henry Miller
320. **As eruditas** – Molière / trad. Millôr
321. **Radicci 1** – Iotti
322. **Os Sete contra Tebas** – Ésquilo
323. **Brasil Terra à vista** – Eduardo Bueno
324. **Radicci 2** – Iotti
325. **Júlio César** – William Shakespeare
326. **A carta de Pero Vaz de Caminha**
327. **Cozinha Clássica** – Sílvio Lancellotti
328. **Madame Bovary** – Gustave Flaubert
329. **Dicionário do viajante insólito** – M. Scliar
330. **O capitão saiu para o almoço...** – Bukowski
331. **A carta roubada** – Edgar Allan Poe
332. **É tarde para saber** – Josué Guimarães
333. **O livro de bolso da Astrologia** – Maggy Harrisonx e Mellina Li
334. **1933 foi um ano ruim** – John Fante
335. **100 receitas de arroz** – Aninha Comas
336. **Guia prático do Português correto – vol. 1** – Cláudio Moreno
337. **Bartleby, o escriturário** – H. Melville
338. **Enterrem meu coração na curva do rio** – Dee Brown
339. **Um conto de Natal** – Charles Dickens
340. **Cozinha sem segredos** – J. A. P. Machado
341. **A dama das Camélias** – A. Dumas Filho
342. **Alimentação saudável** – H. e Â. Tonetto
343. **Continhos galantes** – Dalton Trevisan
344. **A Divina Comédia** – Dante Alighieri
345. **A Dupla Sertanojo** – Santiago
346. **Cavalos do amanhecer** – Mario Arregui
347. **Biografia de Vincent van Gogh por sua cunhada** – Jo van Gogh-Bonger
348. **Radicci 3** – Iotti
349. **Nada de novo no front** – E. M. Remarque
350. **A hora dos assassinos** – Henry Miller
351. **Flush - Memórias de um cão** – Virginia Woolf
352. **A guerra no Bom Fim** – M. Scliar
353(1). **O caso Saint-Fiacre** – Simenon
354(2). **Morte na alta sociedade** – Simenon
355(3). **O cão amarelo** – Simenon
356(4). **Maigret e o homem do banco** – Simenon
357. **As uvas e o vento** – Pablo Neruda
358. **On the road** – Jack Kerouac
359. **O coração amarelo** – Pablo Neruda
360. **Livro das perguntas** – Pablo Neruda
361. **Noite de Reis** – William Shakespeare
362. **Manual de Ecologia** – vol.1 – J. Lutzenberger
363. **O mais longo dos dias** – Cornelius Ryan
364. **Foi bom prá você?** – Nani
365. **Crepusculário** – Pablo Neruda
366. **A comédia dos erros** – Shakespeare
367(5). **A primeira investigação de Maigret** – Simenon
368(6). **As férias de Maigret** – Simenon
369. **Mate-me por favor (vol.1)** – L. McNeil
370. **Mate-me por favor (vol.2)** – L. McNeil
371. **Carta ao pai** – Kafka
372. **Os vagabundos iluminados** – J. Kerouac
373(7). **O enforcado** – Simenon
374(8). **A fúria de Maigret** – Simenon
375. **Vargas, uma biografia política** – H. Silva
376. **Poesia reunida (vol.1)** – A. R. de Sant'Anna
377. **Poesia reunida (vol.2)** – A. R. de Sant'Anna
378. **Alice no país do espelho** – Lewis Carroll
379. **Residência na Terra 1** – Pablo Neruda
380. **Residência na Terra 2** – Pablo Neruda
381. **Terceira Residência** – Pablo Neruda
382. **O delírio amoroso** – Bocage
383. **Futebol ao sol e à sombra** – E. Galeano
384(9). **O porto das brumas** – Simenon
385(10). **Maigret e seu morto** – Simenon
386. **Radicci 4** – Iotti
387. **Boas maneiras & sucesso nos negócios** – Celia Ribeiro
388. **Uma história Farroupilha** – M. Scliar
389. **Na mesa ninguém envelhece** – J. A. P. Machado
390. **200 receitas inéditas do Anonymus Gourmet** – J. A. Pinheiro Machado
391. **Guia prático do Português correto – vol.2** – Cláudio Moreno
392. **Breviário das terras do Brasil** – Assis Brasil
393. **Cantos Cerimoniais** – Pablo Neruda
394. **Jardim de Inverno** – Pablo Neruda
395. **Antonio e Cleópatra** – William Shakespeare
396. **Tróia** – Cláudio Moreno
397. **Meu tio matou um cara** – Jorge Furtado
398. **O anatomista** – Federico Andahazi
399. **As viagens de Gulliver** – Jonathan Swift
400. **Dom Quixote** – (v. 1) – Miguel de Cervantes
401. **Dom Quixote** – (v. 2) – Miguel de Cervantes
402. **Sozinho no Pólo Norte** – Thomaz Brandolin
403. **Matadouro 5** – Kurt Vonnegut
404. **Delta de Vênus** – Anaïs Nin
405. **O melhor de Hagar 2** – Dik Browne
406. **É grave Doutor?** – Nani
407. **Orai pornô** – Nani
408(11). **Maigret em Nova York** – Simenon
409(12). **O assassino sem rosto** – Simenon
410(13). **O mistério das jóias roubadas** – Simenon
411. **A irmãzinha** – Raymond Chandler
412. **Três contos** – Gustave Flaubert
413. **De ratos e homens** – John Steinbeck
414. **Lazarilho de Tormes** – Anônimo do séc. XVI
415. **Triângulo das águas** – Caio Fernando Abreu
416. **100 receitas de carnes** – Sílvio Lancellotti
417. **Histórias de robôs**: vol. 1 – org. Isaac Asimov
418. **Histórias de robôs**: vol. 2 – org. Isaac Asimov

419. **Histórias de robôs:** vol. 3 – org. Isaac Asimov
420. **O país dos centauros** – Tabajara Ruas
421. **A república de Anita** – Tabajara Ruas
422. **A carga dos lanceiros** – Tabajara Ruas
423. **Um amigo de Kafka** – Isaac Singer
424. **As alegres matronas de Windsor** – Shakespeare
425. **Amor e exílio** – Isaac Bashevis Singer
426. **Use & abuse do seu signo** – Marília Fiorillo e Marylou Simonsen
427. **Pigmaleão** – Bernard Shaw
428. **As fenícias** – Eurípides
429. **Everest** – Thomaz Brandolin
430. **A arte de furtar** – Anônimo do séc. XVI
431. **Billy Bud** – Herman Melville
432. **A rosa separada** – Pablo Neruda
433. **Elegia** – Pablo Neruda
434. **A garota de Cassidy** – David Goodis
435. **Como fazer a guerra: máximas de Napoleão** – Balzac
436. **Poemas escolhidos** – Emily Dickinson
437. **Gracias por el fuego** – Mario Benedetti
438. **O sofá** – Crébillon Fils
439. **O "Martín Fierro"** – Jorge Luis Borges
440. **Trabalhos de amor perdidos** – W. Shakespeare
441. **O melhor de Hagar 3** – Dik Browne
442. **Os Maias (volume1)** – Eça de Queiroz
443. **Os Maias (volume2)** – Eça de Queiroz
444. **Anti-Justine** – Restif de La Bretonne
445. **Juventude** – Joseph Conrad
446. **Contos** – Eça de Queiroz
447. **Janela para a morte** – Raymond Chandler
448. **Um amor de Swann** – Marcel Proust
449. **À paz perpétua** – Immanuel Kant
450. **A conquista do México** – Hernan Cortez
451. **Defeitos escolhidos e 2000** – Pablo Neruda
452. **O casamento do céu e do inferno** – William Blake
453. **A primeira viagem ao redor do mundo** – Antonio Pigafetta
454. **Uma sombra na janela** – Simenon
455(15). **A noite da encruzilhada** – Simenon
456(16). **A velha senhora** – Simenon
457. **Sartre** – Annie Cohen-Solal
458. **Discurso do método** – René Descartes
459. **Garfield em grande forma (1)** – Jim Davis
460. **Garfield está de dieta (2)** – Jim Davis
461. **O livro das feras** – Patricia Highsmith
462. **Viajante solitário** – Jack Kerouac
463. **Auto da barca do inferno** – Gil Vicente
464. **O livro vermelho dos pensamentos de Millôr** – Millôr Fernandes
465. **O livro dos abraços** – Eduardo Galeano
466. **Voltaremos!** – José Antonio Pinheiro Machado
467. **Rango** – Edgar Vasques
468(8). **Dieta mediterrânea** – Dr. Fernando Lucchese e José Antonio Pinheiro Machado
469. **Radicci 5** – Iotti
470. **Pequenos pássaros** – Anaïs Nin
471. **Guia prático do Português correto – vol.3** – Cláudio Moreno
472. **Atire no pianista** – David Goodis
473. **Antologia Poética** – García Lorca
474. **Alexandre e César** – Plutarco
475. **Uma espiã na casa do amor** – Anaïs Nin
476. **A gorda do Tiki Bar** – Dalton Trevisan
477. **Garfield um gato de peso (3)** – Jim Davis
478. **Canibais** – David Coimbra
479. **A arte de escrever** – Arthur Schopenhauer
480. **Pinóquio** – Carlo Collodi
481. **Misto-quente** – Charles Bukowski
482. **A lua na sarjeta** – David Goodis
483. **O melhor do Recruta Zero (1)** – Mort Walker
484. **Aline 2** – Adão Iturrusgarai
485. **Sermões do Padre Antonio Vieira**
486. **Garfield numa boa (4)** – Jim Davis
487. **Mensagem** – Fernando Pessoa
488. **Vendeta** *seguido de* **A paz conjugal** – Balzac
489. **Poemas de Alberto Caeiro** – Fernando Pessoa
490. **Ferragus** – Honoré de Balzac
491. **A duquesa de Langeais** – Honoré de Balzac
492. **A menina dos olhos de ouro** – Honoré de Balzac
493. **O lírio do vale** – Honoré de Balzac
494(17). **A barcaça da morte** – Simenon
495(18). **As testemunhas rebeldes** – Simenon
496(19). **Um engano de Maigret** – Simenon
497(1). **A noite das bruxas** – Agatha Christie
498(2). **Um passe de mágica** – Agatha Christie
499(3). **Nêmesis** – Agatha Christie
500. **Esboço para uma teoria das emoções** – Sartre
501. **Renda básica de cidadania** – Eduardo Suplicy
502(1). **Pílulas para viver melhor** – Dr. Lucchese
503(2). **Pílulas para prolongar a juventude** – Dr. Lucchese
504(3). **Desembarcando o diabetes** – Dr. Lucchese
505(4). **Desembarcando o sedentarismo** – Dr. Fernando Lucchese e Cláudio Castro
506(5). **Desembarcando a hipertensão** – Dr. Lucchese
507(6). **Desembarcando o colesterol** – Dr. Fernando Lucchese e Fernanda Lucchese
508. **Estudos de mulher** – Balzac
509. **O terceiro tira** – Flann O'Brien
510. **100 receitas de aves e ovos** – J. A. P. Machado
511. **Garfield em toneladas de diversão** (5) – Jim Davis
512. **Trem-bala** – Martha Medeiros
513. **Os cães ladram** – Truman Capote
514. **O Kama Sutra de Vatsyayana**
515. **O crime do Padre Amaro** – Eça de Queiroz
516. **Odes de Ricardo Reis** – Fernando Pessoa
517. **O inverno da nossa desesperança** – Steinbeck
518. **Piratas do Tietê (1)** – Laerte
519. **Rê Bordosa: do começo ao fim** – Angeli
520. **O Harlem é escuro** – Chester Himes
521. **Café-da-manhã dos campeões** – Kurt Vonnegut
522. **Eugénie Grandet** – Balzac
523. **O último magnata** – F. Scott Fitzgerald
524. **Carol** – Patricia Highsmith
525. **100 receitas de patisserie** – Sílvio Lancellotti
526. **O fator humano** – Graham Greene
527. **Tristessa** – Jack Kerouac
528. **O diamante do tamanho do Ritz** – S. Fitzgerald
529. **As melhores histórias de Sherlock Holmes** – Arthur Conan Doyle
530. **Cartas a um jovem poeta** – Rilke
531(20). **Memórias de Maigret** – Simenon
532(4). **O misterioso sr. Quin** – Agatha Christie
533. **Os analectos** – Confúcio
534(21). **Maigret e os homens de bem** – Simenon
535(22). **O medo de Maigret** – Simenon
536. **Ascensão e queda de César Birotteau** – Balzac
537. **Sexta-feira negra** – David Goodis
538. **Ora bolas – O humor de Mario Quintana** – Juarez Fonseca

539. **Longe daqui aqui mesmo** – Antonio Bivar
540(5). **É fácil matar** – Agatha Christie
541. **O pai Goriot** – Balzac
542. **Brasil, um país do futuro** – Stefan Zweig
543. **O processo** – Kafka
544. **O melhor de Hagar 4** – Dik Browne
545(6). **Por que não pediram a Evans?** – Agatha Christie
546. **Fanny Hill** – John Cleland
547. **O gato por dentro** – William S. Burroughs
548. **Sobre a brevidade da vida** – Sêneca
549. **Geraldão (1)** – Glauco
550. **Piratas do Tietê (2)** – Laerte
551. **Pagando o pato** – Ciça
552. **Garfield de bom humor (6)** – Jim Davis
553. **Conhece o Mário?** vol.1 – Santiago
554. **Radicci 6** – Iotti
555. **Os subterrâneos** – Jack Kerouac
556(1). **Balzac** – François Taillandier
557(2). **Modigliani** – Christian Parisot
558(3). **Kafka** – Gérard-Georges Lemaire
559(4). **Júlio César** – Joël Schmidt
560. **Receitas da família** – J. A. Pinheiro Machado
561. **Boas maneiras à mesa** – Celia Ribeiro
562(9). **Filhos sadios, pais felizes** – R. Pagnoncelli
563(10). **Fatos & mitos** – Dr. Fernando Lucchese
564. **Ménage à trois** – Paula Taitelbaum
565. **Mulheres!** – David Coimbra
566. **Poemas de Álvaro de Campos** – Fernando Pessoa
567. **Medo e outras histórias** – Stefan Zweig
568. **Snoopy e sua turma (1)** – Schulz
569. **Piadas para sempre (1)** – Visconde da Casa Verde
570. **O alvo móvel** – Ross Macdonald
571. **O melhor do Recruta Zero (2)** – Mort Walker
572. **Um sonho americano** – Norman Mailer
573. **Os broncos também amam** – Angeli
574. **Crônica de um amor louco** – Bukowski
575(5). **Freud** – René Major e Chantal Talagrand
576(6). **Picasso** – Gilles Plazy
577(7). **Gandhi** – Christine Jordis
578. **A tumba** – H. P. Lovecraft
579. **O príncipe e o mendigo** – Mark Twain
580. **Garfield, um charme de gato (7)** – Jim Davis
581. **Ilusões perdidas** – Balzac
582. **Esplendores e misérias das cortesãs** – Balzac
583. **Walter Ego** – Angeli
584. **Striptiras (1)** – Laerte
585. **Fagundes: um puxa-saco de mão cheia** – Laerte
586. **Depois do último trem** – Josué Guimarães
587. **Ricardo III** – Shakespeare
588. **Dona Anja** – Josué Guimarães
589. **24 horas na vida de uma mulher** – Stefan Zweig
590. **O terceiro homem** – Graham Greene
591. **Mulher no escuro** – Dashiell Hammett
592. **No que acredito** – Bertrand Russell
593. **Odisséia (1): Telemaquia** – Homero
594. **O cavalo cego** – Josué Guimarães
595. **Henrique V** – Shakespeare
596. **Fabulário geral do delírio cotidiano** – Bukowski
597. **Tiros na noite 1: A mulher do bandido** – Dashiell Hammett
598. **Snoopy em Feliz Dia dos Namorados! (2)** – Schulz
599. **Mas não se matam cavalos?** – Horace McCoy
600. **Crime e castigo** – Dostoiévski
601(7). **Mistério no Caribe** – Agatha Christie
602. **Odisséia (2): Regresso** – Homero
603. **Piadas para sempre (2)** – Visconde da Casa Verde
604. **À sombra do vulcão** – Malcolm Lowry
605(8). **Kerouac** – Yves Buin
606. **E agora são cinzas** – Angeli
607. **As mil e uma noites** – Paulo Caruso
608. **Um assassino entre nós** – Ruth Rendell
609. **Crack-up** – F. Scott Fitzgerald
610. **Do amor** – Stendhal
611. **Cartas do Yage** – William Burroughs e Allen Ginsberg
612. **Striptiras (2)** – Laerte
613. **Henry & June** – Anaïs Nin
614. **A piscina mortal** – Ross Macdonald
615. **Geraldão (2)** – Glauco
616. **Tempo de delicadeza** – A. R. de Sant'Anna
617. **Tiros na noite 2: Medo de tiro** – Dashiell Hammett
618. **Snoopy em Assim é a vida, Charlie Brown! (3)** – Schulz
619. **1954 – Um tiro no coração** – Hélio Silva
620. **Sobre a inspiração poética (Íon) e ...** – Platão
621. **Garfield e seus amigos (8)** – Jim Davis
622. **Odisséia (3): Ítaca** – Homero
623. **A louca matança** – Chester Himes
624. **Factótum** – Charles Bukowski
625. **Guerra e Paz: volume 1** – Tolstói
626. **Guerra e Paz: volume 2** – Tolstói
627. **Guerra e Paz: volume 3** – Tolstói
628. **Guerra e Paz: volume 4** – Tolstói
629(9). **Shakespeare** – Claude Mourthé
630. **Bem está o que bem acaba** – Shakespeare
631. **O contrato social** – Rousseau
632. **Geração Beat** – Jack Kerouac
633. **Snoopy: É Natal! (4)** – Charles Schulz
634(8). **Testemunha da acusação** – Agatha Christie
635. **Um elefante no caos** – Millôr Fernandes
636. **Guia de leitura (100 autores que você precisa ler)** – Organização de Léa Masina
637. **Pistoleiros também mandam flores** – David Coimbra
638. **O prazer das palavras** – vol. 1 – Cláudio Moreno
639. **O prazer das palavras** – vol. 2 – Cláudio Moreno
640. **Novíssimo testamento: com Deus e o diabo, a dupla da criação** – Iotti
641. **Literatura Brasileira: modos de usar** – Luís Augusto Fischer
642. **Dicionário de Porto-Alegrês** – Luís A. Fischer
643. **Clô Dias & Noites** – Sérgio Jockymann
644. **Memorial de Isla Negra** – Pablo Neruda
645. **Um homem extraordinário e outras histórias** – Tchékhov
646. **Ana sem terra** – Alcy Cheuiche
647. **Adultérios** – Woody Allen
648. **Para sempre ou nunca mais** – R. Chandler
649. **Nosso homem em Havana** – Graham Greene
650. **Dicionário Caldas Aulete de Bolso**
651. **Snoopy: Posso fazer uma pergunta, professora? (5)** – Charles Schulz
652(10). **Luís XVI** – Bernard Vincent
653. **O mercador de Veneza** – Shakespeare
654. **Cancioneiro** – Fernando Pessoa
655. **Non-Stop** – Martha Medeiros
656. **Carpinteiros, levantem bem alto a cumeeira & Seymour, uma apresentação** – J.D. Salinger
657. **Ensaios céticos** – Bertrand Russell